Herderbücherei

Band 682

W0189606

Über das Buch

Nicht in der Wirtschaft der Welt kriselt es, sondern in der geistigen Einstellung zum Leben bei den Menschen in den führenden Industrienationen – dies aufzuzeigen haben sich die beiden Autoren Heinz-Dietrich Ortlieb und Christa Meves in diesem Buch zur Aufgabe gemacht. Zukunft – auch im Wirtschaftlichen –, so ist ihre Meinung, setzt nüchtern-realistische, setzt eine geistige Bewältigung der Situation des Menschen im technisierten Leben voraus. Was Freiheit, Gleichheit, Brüderlichkeit unter dem Aspekt gemeinsamer, überpersönlicher Verantwortung bedeuten, soll ins Bewußtsein gerufen werden.

Über die Autoren

Christa Meves, geb. 1925, Studium der Germanistik, Geographie und Philosophie an den Universitäten Breslau und Kiel, Staatsexamen in Hamburg, dort zusätzlich Studium der Psychologie. Psychagogen-Ausbildung an den Psychotherapeutischen Instituten Hannover und Göttingen. Freipraktizierend in Uelzen, Arztfrau und Mutter zweier Töchter. 1974 Wilhelm-Bölsche-Medaille. 1976 Prix Amade.

Heinz-Dietrich Ortlieb, geb. 1910, Direktor des HWWA-Instituts für Wirtschaftsforschung und Ordinarius an der Universität Hamburg. Seine Forschungsgebiete: Wirtschaftsordnung und Wirtschaftspolitik, Bildungspolitik und Probleme der Entwicklungsländer.

Christa Meves

in der Herderbücherei

Heinz-Dietrich Ortlieb

in dem Zweimonats-Taschenbuch
INITIATIVE

Die vernunftlose Gesellschaft

Gedanken zur gesellschaftspolitischen Lage der
Bundesrepublik
in: Plädoyer für die Vernunft (Band 1)
Signale einer Tendenzwende

Führungslos durch Demokratisierung?

in: Der Apparatschik (Band 12)
Die Inflation der Bürokratie in West und Ost

Der mündige Bürger – eine Lebenslüge?

in: Kapitulation des Bürgers (Band 16)
Vom Nutzen und Nachteil der versorgten Gesellschaft

Klassenkampf der Generationen

Oder: Wie Wohlstand eine Gesellschaft verdirbt
in: Die elternlose Generation (Band 27)
Schlüsselkinder – Bürgerkriegskinder – Niemandskinder

Herderbücherei

Christa Meves
Heinz-Dietrich Ortlieb

Macht Gleichheit glücklich?

Herderbücherei

Alle Rechte vorbehalten – Printed in Germany
© Verlag Herder Freiburg im Breisgau 1978
Herder Freiburg · Basel · Wien
Herstellung: Freiburger Graphische Betriebe 1978
ISBN 3-451-07682-9

Inhalt

Dem Bundeskanzler Helmut Schmidt

Erst wenn das Leben in seinen Grundlagen erschüttert ist, wenn der Boden unter den Füßen wankt, werden die Menschen ihres Unrechts gewahr und zur Reform fähig. Erst dann ist Reform möglich; sicher ist sie nicht, weil sie nicht eine Sache der Logik, sondern der moralischen Kraft zur Selbstüberwindung ist.

Man muß hoffen, daß der Rückschlag nicht so tief und die Zwischenzeit nicht so lang sein wird wie nach dem Ende der antiken Welt, als deren Vitalität so sichtbar erschöpft war, und ehe das antike Erbe durch die Barbaren aus dem Osten und Norden übernommen werden konnte.

Eduard Heimann

HEINZ-DIETRICH ORTLIEB

Zur Einführung

Auch Pragmatiker brauchen Leitbilder

> Am Ende hängen wir doch ab
> von Kreaturen, die wir machten.
>
> *J. W. von Goethe*

Es kommt nicht von ungefähr, daß die Klage über die zunehmende Unregierbarkeit westlicher Demokratien in unserer
Bundesrepublik immer wieder gerade aus dem Munde pragmatischer Politiker der sozialliberalen Koalition zu hören ist. Sie
entspringt seit Ende der sechziger Jahre der täglichen Erfahrung, daß die wachsenden Ansprüche der Wohlstandsbürger
sich nicht einmal mehr dann mit den Gegebenheiten in Übereinstimmung bringen lassen, wenn auf große, für zukunfts-
trächtig gehaltene Reformen verzichtet wird. Sowohl von
seiten der parlamentarischen Opposition als auch von links aus
den eigenen Reihen der sozialliberalen Parteien dringt immer
häufiger als entscheidender Einwand gegen „die Macherei dieser Regierung" (Barzel) der Vorwurf durch, daß sie lang- und
mittelfristig konzeptionslos sei und keine zukunftsgerichteten
Leitbilder und Orientierungspunkte habe; was gerade auch die
Kärrnerarbeit der Tagespolitik um ihren Erfolg bringen müsse.
Uns ist nicht bekannt, daß diese Kritiker von rechts und links
Konzepte veröffentlicht haben, welche die Nöte des Augen-
blicks mit den zukünftigen Notwendigkeiten in Einklang bringen – von „progressiven" Wünschbarkeiten ganz zu schweigen. Richtig ist indessen, daß die heutige Bundesregierung
(1978) gerade in der Innenpolitik, der ausdrücklich Priorität
zuerkannt worden ist, ein solches Konzept vermissen läßt.

Das Debakel, das Helmut Schmidt seinerzeit als Krisen-
kanzler vorfand, bestand doch nicht nur darin, daß man sich
lediglich *vorübergehend* zu einseitig mit einer egalisierenden
Verteilung des Sozialkuchens beschäftigt und darum zu wenig
für die ihn erhaltenden Investitionen getan hatte. Es bestand

auch nicht bloß darin, daß man mit den vielfältig eingeleiteten Reformvorhaben nur die Grenzen des finanziell Möglichen mißachtet hatte. Das Dilemma hatte viel tiefer liegende Ursachen. Das Gesamtkonzept der Reformeuphorie hatte nicht gestimmt. Es war weder auf das gegenwärtig noch auf das zukünftig Mögliche abgestellt, noch paßten seine einzelnen Bestandteile zueinander; vor allem aber beachtete es nicht, was und wie wir Menschen sind.

Als Willy Brandt, von außerparlamentarischen Kräften angeregt und bedrängt, mehr Demokratie und Lebensqualität in unserer Gesellschaft wagen wollte, war dies ein vages emotionales Konzept, das nur individuelle Gleichheits- und Freiheitsrechte kannte, aber nichts von langfristigen Existenzbedingungen einer Nation oder Gesellschaft mehr wußte. Da für den damaligen Bundeskanzler die Außenpolitik Priorität behielt, blieb sein gesellschaftliches Reformvorhaben diffus und dessen Praktizierung parlamentarischen und außerparlamentarischen Kräften in Bund und Ländern überlassen, deren revolutionaristischer Elan ohne ausreichende Abstimmung und Kontrolle von oben unvermeidbar zu einem Reformchaos führen mußte, da er in erster Linie von nihilistischen und utopistischen Kräften inspiriert war. Die Reformvorhaben waren nicht an dem für das Gemeinwesen Erforderliche orientiert.

Sie traten nicht an die Stelle der alten individuellen Einkommens- und Konsumwünsche; sie verstärkten diese nur. Konsumfeindlichkeit blieb lediglich ein modischer, pseudoasketischer touch jener Jahre, was Atmosphäre und Stil unserer Gesellschaft nicht zu ändern vermochte. Dementsprechend wurden auch die Reformen lediglich als etwas realisiert, was neue Rechte und Möglichkeiten schuf, die nicht erst mit Hilfe neuer Opfer und Pflichten einzulösen waren. Das Reformwesen blühte, weil es niemanden etwas zu kosten schien, jedoch den in ihnen tätigen Minderheiten neue Chancen des persönlichen Aufstiegs einbrachte. Anders als in dieser Form eines „Illusionen verkaufenden Opportunismus" wäre das Brot für die Reformpolitiker wohl auch ungenießbar, weil allzu hart erschienen.

Wer wäre von den reformfreudigen Wohlstandskindern wohl bereit gewesen, im Zuge des Reformvorhabens persönlich etwas zu riskieren oder auf etwas zu verzichten, wenn wir von den psychopathischen Fällen der Baader-Meinhof-Bande und ihren Nachfolgern einmal absehen, die allerdings auch Wert darauf legten, mit Hilfe von Raubzügen auf hohem Konsumniveau lebensgefährlich zu abenteuern.

Um aus der Fülle der Reformvorhaben nur ein prägnantes Beispiel herauszugreifen: wer wäre wohl bereit gewesen, die Idee der Bildungsgesellschaft laut zu Ende zu denken und deutlich zu machen, daß beliebige Bildung für jeden nicht auch beliebigen beruflichen Aufstieg sichern kann, sondern daß gerade eine solche Bildungspolitik den beruflichen Ausleseprozeß verschärfen und die Einkommen aus Berufen mit höherer Bildung senken muß? Wer hätte wohl den Mut gehabt, in diesem Zusammenhang darauf hinzuweisen, daß Arbeitslosigkeit zum unabwendbaren Schicksal unserer Gesellschaft wird, wenn unser Bildungs- und Ausbildungswesen am praktischen Bedarf der Gesellschaft vorbeiproduziert und jeder den Anspruch beibehält, nicht unter seinem Ausbildungsniveau beschäftigt zu werden? Trotz modischer Feindschaft gegen wirtschaftliches Wachstum und Überflußgesellschaft hofften die Reformer offenbar auf beides als deus ex machina, der alles möglich machen würde. Sie hofften auf die Selbstverständlichkeit eines Wohlstandes, aus dem dann auch eine beliebige Zahl in intellektuellen Berufen, ob für die Gesellschaft existenznotwendig oder nicht, bezahlt werden könnte.

Wäre es nicht sinnvoller gewesen, mit dem Ausbau der Universitäten zurückzuhalten und die höheren Fachschulen nicht zu Fachhochschulen zu ,,verwissenschaftlichen'' und damit praxisferner zu machen? Wäre es nicht sinnvoller gewesen, dafür die Haupt- und Mittelschulen zu verbessern, den zweiten Bildungsweg, soweit er an den Universitäten vorbei ins Berufsleben führte, weiter auszubauen sowie ein bedarfsgerechtes Angebot an Bildungsmöglichkeiten für die Freizeit aller (Volkshochschulen) zu schaffen? Wäre dies nicht auch für alle Bürger die gerechtere Lösung gewesen? Statt dessen hat man einen am Sozialprestige orientierten Zwang zur Hochschulausbildung entstehen lassen, weil der opportunistische Aufstiegswille breiter Intellektuellenschichten dies so wollte.

So fand der heutige Kanzler, als er die Nachfolge Brandts antrat, die Reformruine eines „Turmbau zu Babel" vor. Der Zustand der öffentlichen Finanzen zwang ihm eine Restriktionspolitik auf, die zwar mancherlei problematische Reformen abbrach. Diese wurden jedoch nicht etwa durch neue ersetzt, die allen utopischen Vorstellungen entsagten und sich an einem realistischen Fortschritt orientierten. Schmidts Augenmerk galt national und international – der Situation und seiner fachlichen Herkunft gemäß – hauptsächlich der Wirtschaftspolitik. Dort lagen auch seine ersten persönlichen Erfolge, anderen eine realistischere Beurteilung der Möglichkeiten aufzunötigen. In der Gesellschaftspolitik blieb er indessen merkwürdig unklar. Zwar warnte er immer wieder radikale Reformer und Systemüberwinder innerhalb und außerhalb seiner Partei vor intellektuellem Eskapismus; doch beschränkte sich dies meist auf die Wirtschaftsordnung. Darüber hinaus erklärte er mehr oder weniger global: Die Reformen gehen weiter, vor allem dort, wo sie tatsächlich (oder nur scheinbar?) kein Geld kosten! Von der Mitbestimmung erwartete er dies offenbar. Er versprach sich von ihrer Erweiterung, daß mit ihr die Bereitschaft zu mehr Mitverantwortung von selbst folgen würde, obwohl gerade dies zweifelhaft bleiben muß, solange nicht von der Spitze des Staates her die Initiative ergriffen wird, dem anarchistischen Trend in unserer Anspruchsgesellschaft – vor allem auf dem Gebiet der öffentlichen Bewußtseinsbildung – mit Erfolg paroli zu bieten.

Ansätze in dieser Richtung, die der Bundeskanzler noch am Anfang seiner Regierungszeit hatte, gingen im letzten Bundeswahlkampf (1976) wieder zugunsten voreiliger Wahlversprechungen vollends verloren. Schlimmer noch als die Sache mit der Rentenerhöhung waren seine Versprechen, den numerus clausus in den Hochschulen abzubauen; denn dies kann auch nur wieder eine Maßnahme zu Lasten der Zukunft sein, nämlich indem es eine Steigerung des künftigen Akademikerproletariats zur Folge hat. Dagegen bleibt die notwendige Revision der falschen Theorie und Praxis unserer Reformen in Richtung „Bildungsgesellschaft" ungetan.

Ebenso machte sich die CDU/CSU, wenn auch in unbestimmterer Form, der Volksverführung schuldig, als sie die Wähler mit der Alternative „Freiheit statt/oder Sozialismus" zu locken suchte. Wer heute Freiheit sagt, ohne sofort hinzuzufügen, wo die Freiheit ihre Grenzen hat, muß damit rechnen, daß dies als Freiheit zu einem beliebigen Tun mißverstanden wird. Er fördert damit den gesellschaftlichen Zerfallsprozeß, den es gerade aufzuhalten gilt.

Pragmatische Politiker, die sich zu einem realen Humanismus bekennen, müssen nicht nur selbst realistische Vorstellungen von den Existenzbedingungen des Gesellschaftslebens haben, sie müssen ihnen auch in ihrer Politik entsprechen, und sie müssen solche Vorstellungen, wo auch immer, gegen utopistische und nihilistische Bewußtseinsveränderer durchzusetzen verstehen. Tun sie dies nicht, so geraten sie unvermeidlich in eine Patt-Stellung, die ihnen schließlich keine Entscheidungsmöglichkeit mehr läßt. Die Wähler aber haben nur die Möglichkeit, einen politischen Realismus zu unterstützen, wenn dieser mit der nötigen Einheitlichkeit von einer Partei insgesamt vertreten wird und nicht bloß von einem Flügel oder einem Mann, der aus wahltaktischen Gründen nach vorn geschoben wurde. Ein solcher Vorwurf trifft heute mehr oder weniger alle Parteien.

Die Konzeptionslosigkeit der Pragmatiker aller Parteien liegt also nicht im Fehlen eines dogmatischen Bekenntnisses zu einer Gesellschaftsordnung, die zu bewahren oder anzustreben sei. Das Schicksal des Wirtschaftsliberalismus und des Marxismus mit ihren Bekenntnissen und Prophezeiungen sollte uns vor solchen Zukunftskonzeptionen geheilt haben. Auch die „soziale Marktwirtschaft" wäre uns allen besser bekommen, wenn sie nicht für zu viele „der Weisheit letzter Schluß" gewesen wäre. Es kann nur *einen* gültigen Maßstab für die bestmögliche Gesellschaftsordnung geben, nämlich ihre Eignung, auch mit unerwarteten Situationen fertig zu werden; denn die Zukunft ist immer ungewiß. Das Wichtigste dafür aber ist, Wirklichkeitsvorstellungen zu schaffen, welche die Menschen in den Stand setzen, jede Zukunft anzunehmen.

Dazu gehört vor allem anderen zunächst, die falsche Vorstellung eines Progressismus abzubauen, der gleichermaßen durch einen hemmungslosen Antitraditionalismus, Libertinismus und Egalitarismus gekennzeichnet ist. Wenn nämlich, wie es in Theorie und Praxis heute immer häufiger geschieht, hinter jeder Neuerung ohne weitere Prüfung Fortschritt und hinter jeder Bewahrung von Tradition bereits Rückschritt oder Stagnation vermutet wird, schwinden unentbehrliche Hemmungen sowohl gegenüber lebensgefährlichen Neuerungen als auch gegenüber der Beseitigung stabilisierender Lebensregeln, hinter denen eine jahrtausende alte Menschheitserfahrung stehen mag. Wenn außerdem Freiheit als emanzipatorische Selbstverwirklichung im Sinne eines durch nichts gebundenen beliebigen Tuns mißverstanden wird, muß jede eingrenzende Kontrolle verloren gehen, welche allein die Existenz der Gesellschaft wie auch die Freiheit des einzelnen garantieren können. Und wenn man schließlich die völlige Gleichsetzung der Individuen als höchstes Ziel anstrebt, ohne ihre unterschiedlichen Fähigkeiten und Bedürfnisse zu respektieren und ohne auch ihre besonderen Aufgaben und Funktionen im Leben der Gesellschaft in Rechnung zu stellen, entglückt man die Menschen durch einen alles egalisierenden Zwang und macht gleichzeitig die Gesellschaft durch Immobilisierung unfähig, auf die geschichtlich wechselnden Anforderungen noch lebenskräftig reagieren zu können.

HEINZ-DIETRICH ORTLIEB

Die Machtergreifung der Intellektuellen

Vom Auflösungsvirus
unserer freiheitlichen Gesellschaft

> Ich sag' es dir; ein Kerl, der spekuliert,
> Ist wie ein Tier auf dürrer Heide,
> Von einem bösen Geist im Kreis herumgeführt,
> Und ringsherum liegt schöne grüne Weide.
>
> *J. W. von Goethe*

I. Vorbemerkung

In jeder Gesellschaft, in der die Führungskräfte versagen oder aus anderen Gründen eine Positionsschwächung erfahren, sind Revolten oder Revolutionen die unvermeidliche Folge. Versagen und Entmachtung des sogenannten Establishment haben in unseren westlichen Gesellschaften verschiedene mögliche Ursachen: 1. kann sich das Ausleseverfahren verschlechtert haben, oder es kann in der althergebrachten Form nicht mehr den vielfältiger gewordenen Ansprüchen gerecht werden. 2. können diese Ansprüche heute häufig über das menschlich Zumutbare schlechthin hinausgehen, weil die sozialen Ablaufs- und Wandlungsprozesse mit ihrer Beschleunigung immer undurchsichtiger und immer weniger lenkbar geworden sind. 3. werden im Demokratisierungsprozeß die Führungskräfte einer freiheitlichen Gesellschaft von Massenmeinungen und -wünschen immer abhängiger, die unrealistisch auf unlösbare Widersprüche hinauslaufen. Vermag die Masse der Staats- und Wirtschaftsbürger noch weniger als ihr Establishment die Funktionsbedingungen und Leistungsgrenzen der Gesellschaft zu erkennen, so ist die politische Führung aus Augenblicksinteressen nicht bereit, aus dem, was sie zu erkennen vermag, die notwendigen Konsequenzen zu ziehen. 4. geht die Einheitlichkeit der Welt- und Lebensanschauungen und damit die Übereinstimmung der Wertungen zunehmend verloren, was ebenfalls die Meinungsverschiedenheiten über Ziele und Mittel des politischen Handelns verschärft. Und 5. kommt es aus diesen und anderen Gründen schließlich zu einer totalen Abwertung der Tradition, die so weit geht, daß selbst Werte und Verhaltensweisen über Bord geworfen werden, die möglicherweise schlechthin die Grundlage menschlicher Existenz darstellen.

Dies alles paralysiert die Führung unserer freiheitlichen Gesellschaft, erschwert ihre Information und Entscheidung und erweitert den Aktionsspielraum für diejenige Abart eines bestimmten sozialen Typus, von dem im folgenden die Rede sein soll: des Intellektuellen.

Dieser Typus, der in der Geschichte schon immer, wenn er sich aus autoritärer Aufsicht entlassen fühlte, die Sozialkritik in Erbpacht genommen und sich als Sachwalter revolutionärer Tendenzen „bewährt" hat, ist nicht eindeutig als soziale Gruppe abgrenzbar, sondern eher durch eine grundsätzlich kritisch abwertende Haltung gekennzeichnet. J. A. Schumpeter hat schon in den vierziger Jahren plastisch die Rolle dieses Typs in demokratischen und kapitalistischen Gesellschaften beschrieben. Seine Darstellung ist durch die Ereignisse der letzten Jahre aktualisiert worden.

Nach Schumpeter sind Intellektuelle Menschen, welche *erstens* die Macht des gesprochenen und geschriebenen Wortes handhaben, *zweitens* keine Kenntnisse aus erster Hand besitzen, wie sie nur tatsächliche Erfahrung geben kann, *drittens* sich durch eine kritische Haltung auszeichnen, die aus der Situation des Intellektuellen als Zuschauer und Außenseiter erwächst, und *viertens* diese kritische Haltung mit dem Ziel und der Chance einnehmen, aus ihr einen sozialen Störungsfaktor zu machen und daraus persönliche Vorteile zu gewinnen. Denn gerade in einer freiheitlichen Gesellschaft, insbesondere wenn Sozialkritik Mode geworden ist und Meinungs- und Pressefreiheit durch keinerlei Selbstkontrolle gezügelten Auslauf genießen, können selbst aus unsinniger Kritik Macht, Einkommen und Sozialprestige gewonnen werden. Dies gilt besonders für uns in Westdeutschland, wo die Erinnerung an das Naziregime und der Bürgerschreck des Kommunismus allen mehr oder weniger in den Gliedern sitzt, so daß den meisten das Gefühl dafür verlorengegangen ist, wie weit sie mit Liberalität und Libertinage gehen dürfen, ohne dadurch das Funktionieren unseres Rechtsstaates und unserer arbeitsteiligen Wirtschaftsgesellschaft in Frage zu stellen.

Eine solche Einengung des Intellektuellenbegriffs bedeutet gleichzeitig seine Ausweitung. Sicherlich rechnet – um ein Beispiel zu wählen – ein Mann wie der englische Mathematiker und Kulturphilosoph Bertrand Russell dazu, soweit er als manchmal fast naiver Spätaufklärer sein Wissen und seinen Verstand dazu benutzte, seine Wunschvorstellungen in die Wirklichkeit mit eloquentem Engagement hineinzuinterpretieren, ohne die Fragwürdigkeit der dabei verwendeten Annahmen oder möglichen Alternativen selbst zu erkennen oder erkennbar zu machen. Andererseits ist ein überdurchschnittliches Niveau an Bildung, Gelehrsamkeit oder Scharfsinnigkeit, was man nichtsdestoweniger Russell zuerkennen muß, keine erforderliche Eigenschaft, um unter diese Art von Intellektuellen eingereiht zu werden. Es genügt dafür schon, eine wirksame Art des Argumentierens zu besitzen. Adolf Hitler ist daher zweifellos bis zu seiner Machtergreifung ein Intellektueller in diesem Sinne gewesen.

In früheren Zeiten, in denen für jeden intelligenten Beobachter innerhalb übersichtlicher Gesellschaftssysteme soziale Mißstände und Machtmißbräuche eindeutig zu erkennen waren und auch die konstruktiven Lösungsmöglichkeiten klar zutage traten, mögen Intellektuelle in revolutionären Bewegungen auch eine konstruktive Funktion gehabt haben. In unseren westlichen Industrie- und Nachindustriegesellschaften, die in ihrer Dynamik immer undurchsichtiger werden, weil einerseits die wissenschaftliche und technische Entwicklung die Entscheidungsmöglichkeiten scheinbar oder tatsächlich vermehrt, andererseits aber auch die pluralistische Willensbildung, die Zielkonflikte ständig steigert, kommt die Kritik der Intellektuellen in einer destruktiven Ordnungsfeindlichkeit schlechthin zum Ausdruck. Diese Ordnungsfeindlichkeit läßt vermuten,

daß man weder bereit noch fähig ist, sich die vielfältigen Sach-
kenntnisse anzueignen, die zu einem *konstruktiven* Nonkonfor-
mismus befähigen würden, und daß man aus diesen und anderen Gründen zu Utopien neigt, welche die wichtigste
Existenzbedingung hochtechnifizierter arbeitsteiliger Gesellschaften außer acht läßt, nämlich die ständige ausreichende
Koordination arbeitsteiliger Vorgänge.

Da in den letzten Jahren mit den sogenannten Jugendrevol-
ten offensichtlich geworden ist, daß dieser Typus des Intellektuellen in unserer freiheitlichen Gesellschaft im Vormarsch ist,
d. h. daß er an Macht und Einfluß gewinnt, stellt sich die Frage,
was dies für unsere Gesellschaft für Folgen haben wird. Wird
dieser sich betont progressiv gebende Typus, wie er selbst gern
behauptet, alle sozialen Stagnationen überwinden und den
Fortschritt fördern helfen? Oder wird er durch destruktive
Ordnungsfeindlichkeit die Existenzgrundlagen der modernen
Gesellschaft unterminieren und dadurch auch jeden Fortschritt
unmöglich machen? Um dieser Frage nachzugehen, müssen wir
uns zunächst mit der Wesensart und den sozialen Ausbrei-
tungsformen dieses Typus sowie mit den Wechselbeziehungen
beschäftigen, die zwischen ihnen und den Eigenarten der modernen Gesellschaft bestehen. Dazu wird auch die Frage nach
dem Versagen der Führungskräfte gehören, die von den Intellektuellen teils angegriffen, teils unterwandert werden.

II. Vom Wesen und Wandel der Intellektuellen

Da der Intellektuelle in dem nach Schumpeter umschriebenen
Sinn nur eine Abart der allgemeinen Spezies Mensch ist, kann
sein Habitus auch nur einer Variante menschlichen Verhaltens
oder Fehlverhaltens entsprechen. So sind einerseits die Merkmale des Intellektuellen aus der Orientierungs- und Entschei-
dungsproblematik, die in der irrationalen Seite der menschlichen Natur schlechthin begründet liegt, zu erklären, und
andererseits sind die besonderen Wirkungsmöglichkeiten des
Intellektuellen aus den besonderen Verhältnissen unserer mo-

dernen Gesellschaft zu verstehen. Wir müssen also davon ausgehen, daß der Mensch schon von Natur aus, unabhängig von seiner sozialen Umwelt, ein wunschdenkendes und vor sich selbst und vor anderen sich ständig rechtfertigendes, Vorwände suchendes und um Ansehen bemühtes Wesen ist, das überdies dazu neigt, in vereinfachenden gegensätzlichen und mit emotionalen Wertungen behafteten Bildern zu denken. Hier liegt die eine Hauptschwierigkeit des Menschen, zu realistischer Orientierung und rationaler Entscheidung zu kommen.

Die Tatsache, daß selbst ein Mensch, der ein Höchstmaß an Intelligenz, Bildung und Erfahrung in sich vereinigt, heute nicht mehr in der Lage ist, die Zusammenhänge unserer sozialen Welt, ihre Ablaufs- und Wandlungsprozesse voll zu überblikken, zeigt die andere Hauptschwierigkeit an, diese Welt rational zu gestalten.

Selbst wenn sich die Menschen über das Gestaltungsziel einig wären, ließe sich die Frage, ob und wie das Ziel erreichbar wäre, nur durch eine mühevolle Synthese vielfältigen Spezialwissens mit Hilfe von Expertenteams beantworten, eine Aufgabe, die nur von Führungskräften zu bewältigen wäre, welche neben sachlich-fachlicher Qualifikation über viel Zivilcourage und große geistige Beweglichkeit und Bescheidenheit verfügen, also über Eigenschaften, die, soweit vorhanden, im modernen Ausleseprozeß verlorengehen.

Wenn dann in unserer pluralistischen Gesellschaft die Freiheit in erster Linie als das Recht jedes einzelnen aufgefaßt wird, mit Hilfe einer ausreichenden Minderheit von Gleichgesinnten seine Zielvorstellungen durchzusetzen, und wenn obendrein die sich durchsetzenden Gruppen die Nebenwirkungen ihrer Absichten nicht erkennen können oder wollen, muß es ständig zu unerwünschten Ergebnissen kommen, deren Existenz häufig erst zu spät bemerkt wird. Es treten Veränderungen im sozialen Leben ein, die häufig selbst von denen nicht beabsichtigt waren, welche sie in Gang setzten; und sie werden zu einem Zeitpunkt deutlich, da das in Gang Gesetzte nicht mehr rückgängig gemacht werden kann. Wer darin die List einer höheren Vernunft oder einen „Teil von jener Kraft, die stets das Böse will und stets das Gute schafft" sieht, muß schon an einen Weltgeist oder an einen persönlichen Gott glauben, der eine „liebenswürdige Entwicklungstendenz der Geschichte" garantiert. So wird es verständlich, weshalb bei der Dekadenz christlicher Konfessionen marxistische Geschichtsmetaphysik wieder eine besondere Chance hat, zur Ersatzreligion zu werden. Vor dem Hintergrund dieser Situation in der modernen Gesellschaft wird die soziale Rolle und Wirksamkeit des Intellektuellen verständlich; wozu nicht zuletzt gehört, die verlorengegangene Priesterherrschaft zu ersetzen, ganz gleich, ob es sich dabei um die Verkündigung von Gottes- oder Teufelsbotschaften handelt.

Von seinen vier Kennzeichen, (1) rhetorisch-dialektische Fähigkeiten, (2) Fehlen von praktischen Erfahrungen, (3) kritische Haltung als nicht verantwortlicher Außenseiter und (4) kritische Haltung mit Ziel und Chance, als Störungsfaktor Vorteile zu gewinnen, treffen die ersten drei auf den Intellektuellen schon dann zu, wenn die Autorität der Führungselite einer Gesellschaft noch unumstritten ist. Kritik ist hier aber nur mit Vorteilen verknüpft, wenn sie sich nicht gegen die Mächtigen und deren tatsächlichen oder vermeintlichen Machtmißbrauch richtet. Das vierte Merkmal wird der Intellektuelle höchstens in Gestalt des Hofnarren oder des in seiner esoterischen Sprache nicht allgemein verständlichen Wissenschaftlers oder des Schlüsselromane schreibenden Literaten entwickeln können. Der potentielle Intellektuelle aber, dem das letztgenannte Kennzeichen noch fehlt, wird sich als Lobpreiser und Interpret seines Herrn oder des vorherrschenden Systems und des dazugehörigen Weltbildes betätigen müssen, sofern er es nicht vorzieht, auf unaktuelle Gebiete auszuweichen und sich etwa in unverbindliche historische oder bloß unterhaltende Schriftstellerei zu verlieren.

Anders in der freiheitlichen modernen Gesellschaft, in der auch die Mächtigen die Freiheit des Geistes prinzipiell tolerieren wollen oder müssen und in der außerdem die Gruppen wechseln können, die eine Vormachtstellung innehaben. Hier können zunächst den Intellektuellen bei ihrer Kritik noch recht enge Grenzen gezogen sein, sei es, daß einer solchen Kritik nicht ohne weiteres die Kommunikationsmittel offenstehen, da sie sich in der Hand der Herrschenden befinden, sei es, daß die Gesellschaft noch so sehr von einer traditional gebundenen Vorstellungswelt beherrscht wird, daß intellektuelle Kritik kaum über sie hinausgelangen kann, will sie überhaupt ihre Leser und Hörer finden. So gerieten bis zum Ersten Weltkrieg viele, die es wagten – in welchem Bereich auch immer –, Änderungen des Althergebrachten ins Auge zu fassen, mehr oder weniger leicht in die Outsider-Situation von Diffamierten. Der „rote Professor", der „rote Landrat", der „rote Baron" waren damals dubiose Ehrentitel, die in bürgerlichen oder bäuerlichen Kreisen jedem leicht zuteil werden konnten, wenn er es unternahm, Unübliches zu tun oder vorzuschlagen. (Allenfalls spielte er in literarischen Salons eine exotische Rolle.) Dabei fiel es kaum ins Gewicht, ob man überhaupt geistige oder politische Beziehungen zu revolutionären Bewegungen seiner Zeit hatte. Am ehesten ließen sich traditionale Vorstellungen bei einzelnen Gruppen oder Klassen unterminieren, wenn man an deren offensichtlichen Interessen anknüpfen konnte, wie es liberalistische Intellektuelle beim Bürgertum und marxistische beim Arbeiterproletariat getan haben.

Im übrigen war es schon im 19. Jahrhundert nicht so, daß, wer auf Veränderung abzielenden Ideen skeptisch gegenüberstand und dementsprechend das traditionelle Moment betonte, ohne weiteres für die Erhaltung des status quo in jeder Hinsicht eintrat und sich mit der herrschenden Schicht identifizierte. (Wie es auch vielen „Progressiven" schon damals nicht bloß oder in erster Linie um eine bessere oder andere Welt, sondern auch um Macht, Ansehen oder Aufsehen ging). Viele Wissenschaftler und Schriftsteller, denen in diesem Zusammenhang Kulturpessimismus oder Zivilisationsfeindlichkeit schlechthin vorgeworfen wurde, hatten die Stabilität humanitärer Verbesserungen und nicht ihre Verhinderung im Auge und dachten dabei an ausreichende geistige und institutionelle Bindungen der Freiheit des Menschen. Die große Französische Revolution hatte ja nicht nur Hoffnungen geweckt. Sie war auch eine lang anhaltende schockhafte Warnung gewesen, daß bei einer Maximierung von Freiheit und Gleichheit das eigentlich humanitäre Ziel, die Brüderlichkeit, auf der Strecke bleibt.

Dementsprechend waren die Intellektuellen als Kritiker des Bestehenden und in ihrem Gegensatz zu den Herrschenden bis in die zweite Hälfte unseres Jahrhunderts hinein viel weniger eine einheitliche Gruppe, als sie es heute zu werden scheinen. Die einen kritisierten mehr die Erscheinungen des traditional Beharrenden, des tatsächlich oder vermeintlich Restaurativen, die anderen das, was sie für übereilten Fortschritt oder gefährliche Veränderung hielten; wobei beide Gruppen nicht immer das förderten, was sie fördern wollten, sondern nicht selten das Gegenteil. Dies gilt z. B. für die Linksintellektuellen in der Weimarer Republik. Sie haben sicherlich mit ihren Abwertungen zum Untergang des damaligen Staates beigetragen, eines Staates, den sie mindestens für das kleinere Übel hätten halten müssen. Ähnliches gilt für jene konservativen Schriftsteller, die gegen ihren Willen später von den Nazis in Anspruch genommen wurden.

Traditionale Bindungen der Kritik verloren sich in der Mitte unseres Jahrhunderts jedoch schnell, als mit dem anwachsenden Tempo der wissenschaftlichen und technischen Entwicklung und der mit ihr verbundenen Veränderung der sozialen Umwelt (bei gleichzeitig immer stärkerer Auflösung aller tradierten Wertvorstellungen) ein auf Veränderung schlechthin fixierter diffuser Fortschrittsglaube den Zeitgeist zu bestimmen begann. So ist es heute umgekehrt wie vor dem Ersten Weltkrieg. Wer heute nicht bereit ist, jede Änderung für fortschrittlich und jedes extreme Experiment für noch progressiver zu halten, gilt bereits als Konservativer oder gar als rechtsradikaler Reaktionär, mag er wie der Autor sich selbst auch als Sozialist bezeichnen und sachgerechte Reformen schon gefordert haben, als sich die Moderevolutionäre von heute in ihren geistigen Windeln des Traditionalen noch ganz wohl fühlten.

Offenbar läßt der Zeitgeist von heute in unserer freiheitlichen Gesellschaft, der wir gern das Wort pluralistisch geben, weil alles erlaubt und alles möglich sein soll, immer mehr Menschen jenen common sense verlieren, der sie intuitiv unterscheiden läßt, was für ihre individuelle und soziale Existenz wesentlich oder unwesentlich, unvermeidlich oder vermeidbar, fortschrittlich oder schlechthin existenzgefährdend ist. Zwar können wir uns in der Dynamik und Differenziertheit des sozialen Wandels nicht mehr ausschließlich mit Hilfe intuitiver Kräfte des gesunden Menschenverstandes orientieren; doch haben wir niemals dringender als heute auch dieses inneren Kompasses bedurft, um nicht schon in unserem Urteil über die elementarsten Bedingungen des Zusammenlebens ständig in die Irre zu gehen. Wir ähneln immer mehr jenen Tieren, die, aus freier Wildbahn in Gefangenschaft geraten, ihren Instinkt verlieren und sich nicht einmal mehr imstande zeigen, das für die Aufzucht der Jungen Notwendige zu tun. Anders ist jedenfalls nicht zu erklären, weshalb wir heute unter Außerachtlassung unserer biologischen Herkunft vieles Krankhafte als neue Form von Gesundheit preisen und zum Leitbild sozialen Fortschritts machen.

III. Erscheinungsformen der Intellektuellen

In einer solchen Atmosphäre von Permissivität wandelt sich nun auch der vorherrschende Typus des Intellektuellen zunehmend ins Destruktiv-Nihilistische. Mag zu früheren Zeiten hier noch jener Charakter maßgeblichen Einfluß ausgeübt haben, der ausreichende Distanz zu sich selbst und der Umwelt besaß, um sich der Grenzen seiner eigenen Urteilsfähigkeit bewußt zu bleiben, so scheint heute unter den Intellektuellen sich gerade jener Charakter in den Vordergrund zu schieben, der mit seiner Entwicklungsneurose nicht fertig wird und schließlich in einer permanenten Charakterneurose endet, ein Typus, der seine persönlichen Schwierigkeiten in die Gesellschaft hineinprojiziert, um sich über sein persönliches Mißgeschick vor sich und der Welt rechtfertigen zu können.

Dies wird besonders dort deutlich, wo der Typ des Intellektuellen in der unausgegorenen, in der Entwicklung befindlichen Form des werdenden Intellektuellen auftritt, wie er sich bei uns in den letzten Jahren als Initiator oder aktiver Mitläufer der Studenten- und Schülerrevolten betätigte. Auch für ihn trifft die Schumpetersche Definition zu: Er beherrscht wenigstens z. T. die Macht des Wortes, obwohl es sich bei manchen wie ein unverständliches Intellektualchinesisch anhört. Auf jeden Fall besitzt er besonders wenige Kenntnisse aus erster Hand sowie keine praktische Erfahrung, die er gern als bloßen Informationsvorsprung der Älteren abwertet. Auch seine kritische Haltung kann doppelt motiviert sein.

Einmal ist sie häufig eine Äußerung unbefriedigter Geltungsbedürfnisse, ein Mittel, von sich reden zu machen und schneller aufzusteigen, als die Ochsentour eines Berufes es ermöglichen würde. Aber vielleicht noch häufiger ist es eine Rechtfertigung vor sich selbst und der Außenwelt, wenn junge Menschen Anforderungen, welche ihre soziale Umwelt unvermeidlicherweise an sie stellt, nicht akzeptieren wollen oder können. Wer mit einer Situation nicht fertig wird, sucht die Schuld allzu gern anderen in die Schuhe zu schieben. Das gilt nicht nur für den Intellektuellen, sondern für den Menschen schlechthin. Der neurotische Intellektuelle aber pflegt dann in die dialektisch provokative Kritik zu gehen, um dadurch Reaktionen hervorzurufen, die seine Kritik wenigstens nachträglich zu rechtfertigen scheinen.

Wer sich die Mentalität der Baader-Meinhof-Bande in Erinnerung ruft oder wer in den letzten Jahren – und das gilt nicht nur für Berliner Verhältnisse – selbst Massendiskussionen unter Studenten miterlebt hat, wird immer wieder auf Exponenten gestoßen sein, deren Geistesverfassung ihn erschreckend an den Befund von Paranoia erinnert hat. Unter diesem Stichwort findet man im Großen Brockhaus folgende Definition: „Paranoia (griech.), die Verrücktheit, eine als selbständige Wahnkrankheit aufgefaßte Seelenstörung, heute meist als Sonderform der Schizophrenie angesehen. Außer dem Wahn (Liebes-, Größen-, Verfolgungswahn) zeigen die Kranken oft wenig andere Krankheitszeichen und sind in ihrer Persönlichkeit wohlerhalten. Der Wahn ist meist zu einem in sich logischen System ausgebaut und durch Gegeneinwände nicht zu entkräften. Manche Kranke, z. B. mit Verfolgungswahn, können gemeingefährlich sein. An der Grenze der Paranoia steht die Überbewertung einer bestimmten Idee, z. B. bei manchen Propheten und Sektierern."

Aber auch in weniger krassen Fällen zeigt sich immer wieder: Die intellektuelle Schulung allein, die Fähigkeit zu abstrahieren und logisch zu argumentieren, bietet noch keine Gewähr, daß Menschen fähig und willens sind, ihren Verstand auch für praktische und konstruktive Zwecke zu verwenden. Haben sie keine ausreichende Distanz zu sich selbst, gehen sie, im Wunschdenken befangen, von unrealistischen Annahmen aus, so werden sie in ihren Entscheidungen und Taten meist bei einem kritisch destruktiven oder utopischen Nonsens enden. Dabei spielt es keine Rolle, ob ein solcher Prozeß auf dem niedrigen Niveau primitiver Stammtischstrategen stattfindet oder den Weg intellektueller Spitzfindigkeiten geht. In diese Gefahr der engagierten Fehlinterpretation der Wirklichkeit geraten besonders jugendliche Gemüter, die über zu geringe und zu einseitige Erfahrungen verfügen, vor allem, wenn ihnen eingeredet wird, gerade ihnen, der jungen Generation, gebühre es, eine bessere Welt zu schaffen. So wird bei ihnen ein Sendungsbewußtsein hervorgerufen, das sie nicht veranlaßt, nun mit Intensität und Ausdauer Wissen und Erfahrung zu sammeln, um mit Bedacht an jenes mühevolle Vorhaben zu gehen, sondern das sie glauben macht, noch in den vagesten Vorstellungen befangen, sofort mit Aktionen beginnen zu müssen. Für solche Menschen erweist sich die Wahrheit nicht aus dem gelungenen Werk und der praktischen Bestätigung, sondern schon daraus, ob man in Diskussionen dialektisch der Überlegene ist.

Eine solche weder sachlich begründete Urteilsbereitschaft noch durch praktische Leistungen fundierte Selbstgewißheit steht allerdings psychisch stets auf schwachen Füßen. Sie bedarf ständiger emotionaler Stützungen und Antriebe. Da sie sonst von einem intellektuellen „moralischen Kater" bedroht wäre, lebt sie geradezu davon, daß die Anlässe zu emotionalen Aufwallungen, mit denen die Urteilsfähigkeit wieder vernebelt werden kann, nicht aufhören. Und wer könnte schon solche Anlässe bei den Unzulänglichkeiten unserer Welt und den ins Utopische wachsenden Ansprüchen in unserer Zeit vermeiden, zumal in einem Staat, dessen Organe es sich nicht leisten können, auch nur den Verdacht der Polizeistaatlichkeit auf sich zu ziehen. Dann wird es selbst für auf persönliche Sicherheit bedachte Revolutionäre wenig risikoreich, sich mit emotionalisierenden Anlässen durch besondere Aktionen selbst zu versorgen.

Daß bei alledem gerade die grundsätzliche Diskussion über die „gesellschaftlichen Verhältnisse" in einem oberflächlichen Räsonnement steckenbleibt, hat vielfältige Ursachen. Es liegt nicht nur an den Schwierigkeiten und Unübersichtlichkeiten der Themen. Mindestens so bedeutsam ist es, daß der junge Mensch heute meist keine zeitgemäße Orientierungshilfe bei Eltern und Lehrern erhalten kann; sei es, daß diese keine Zeit finden konnten oder wollten, sich um ihn zu kümmern; sei es, daß sie selbst dem verwirrenden Wandlungstempo ihrer Umwelt nicht zu folgen vermochten; sei es, daß sie unter nachhaltig wirksamen Zeiterlebnissen ihrer eigenen Vergangenheit vorurteilsvoll orientierungslos wurden. Hinzu kommt, daß eine Ausbildung und Erziehung zum politischen Leben in unseren Schulen noch in den fünfziger Jahren so gut wie völlig fehlte. Als dann politischer Unterricht als Gemeinschafts- oder Sozialkunde überstürzt eingeführt wurde, war er mehr ein Tummelplatz von Voreingenommenheiten und Liebhabereien der einzelnen Lehrer als ein gekonnter, mit geeignetem Lehrmaterial ausgestatteter Versuch, unter Einbeziehung eines realistischen Menschenbildes und unter Berücksichtigung der Orientierungs- und Urteilsschwierigkeiten einen Überblick über die Problematik des modernen Gesellschaftslebens zu geben. Er lieferte daher mehr Verwirrungs- als Orientierungshilfen.

So mußten Schule und Elternhaus allzu schnell Autorität und

Führung verlieren, die der junge Mensch für die Zeit des Er-
wachsenwerdens heute mehr denn je nötig gehabt hätte, um
mit den so verwirrend vielfältigen und widerspruchsvollen Erscheinungen, in denen er die Umwelt (überwiegend aus zweiter
Hand) entstellt erlebt, fertig zu werden. Die emotional aufgela-
denen Vereinfachungen, zu denen er seine Zuflucht nimmt,
müssen dann unvermeidlich weit mehr kritisch abwertenden als
anerkennenden oder gar überhöhenden Charakter haben.

2. Von der intellektualisierenden Wirkung
   unseres Bildungssystems

Unter solchen Verhältnissen mußte auch der Intellektualisie-
rungseffekt immer problematischer werden, den unser Bildungssystem zu erzielen pflegt. Insbesondere die höhere Schul-
bildung und akademische Ausbildung ist so einseitig auf das
Training von Wissen und intellektuellen Fertigkeiten ausgerichtet, daß sie die destruktiven Einflüsse der sozialen Umwelt
weit eher fördert als abmildert.

Über die Gefahr der „Verkopfung", die hier dem Nach-
wuchs droht, schreibt Christa Meves: „Dem Schicksal der ‚Verkopfung' kann ohne besondere Gaben, ohne Glück und besondere Anstrengung kaum ein Mensch in unserem Kulturkreis
entgehen, wenn er mit sechs Jahren eingeschult, der unausge-
setzten Intellektualisierung unseres Bildungssystems über 10,
12, ja bei den Studierenden oft über 20 Jahre anheimgegeben
wird. Je älter die Lernenden und je höher der Leistungsan-
spruch wird, um so mehr wird ihre Bildung zur Ausbildung vornehmlich ihres Verstandes, ihres Denkens. Das ist beileibe
nicht schlecht, sondern als Voraussetzung für die Berufsaus-
übung im technischen Zeitalter unumgänglich – und dennoch
bedeutet es Einseitigkeit, die wie jedes Extrem seine speziellen
Gefahren in sich trägt. Es gibt eine Überspitzung, ja eine Wucherung... der Denkfunktion, die der dänische Arzt und Tie-
fenpsychologe Ewald Bohm als Verkopfungsneurose bezeichnet hat. In seinem Lehrbuch schreibt er darüber: ‚Diese
Menschen zerreden alles und erleben nichts. Sie sind sich nicht

darüber im klaren, daß sie alles zerdenken und zerreden aus Angst vor dem Erleben. Sie glauben meist, sich vorzüglich zu kennen, haben aber eine unerhörte Panzerung. Sie glauben an die Allmacht der Gedanken. Der ganze Angstschutz wird mehr oder weniger durch den Mechanismus der Intellektualisierung bewältigt. Besonders unter den Akademikern ist die Neurose nicht selten.' ...Was der Verkopfte sich verbietet, was er sich schamvoll nicht gestattet, ist, seiner gesamten Gefühlswelt freien Lauf zu lassen, ja sie überhaupt zu haben. ...Es gehört (aber) zum Wesen jeder Neurose, daß die Bedürfnisse, die verdrängt werden, unbewußt und undifferenziert, oft unter vulkanartigem Druck, wieder zutage treten – oft katastrophal, weil ungebändigt, unkontrolliert und übermächtig..."

So ist es nicht zufällig, daß die aus einem solchen Ausbildungssystem hervorgegangene Intelligenz gerade dort, wo sie auf das nicht theoretisierbare, praktische Leben stößt, nämlich in ihrer eigenen komplexen individuellen Existenz, häufig total versagt. Gerade hier im Privaten stehen jene Entscheidungen an, welche den nicht intellektuell Verbildeten noch einfach und problemlos erscheinen mögen. Dem Intellektuellen aber geht es häufig wie jenem Tausendfüßler, der nicht mehr gehen konnte, als er zu überlegen begann, welchen Fuß er zuerst setzen sollte. Der zerstreute, umständliche und schließlich in einfachen Situationen hilflose Professor ist die altbekannte Witzfigur, die diese Problematik karikaturhaft darstellt. Neben der intellektualisierenden Ausbildung tut die fachliche Spezialisierung ein übriges.

Wenn einseitig nur der Intellekt trainiert wird, wenn Theorien über eine nur aus zweiter Hand erfahrene und häufig auch nur so erfahrbare Welt in der Ausbildung an die Stelle praktischer Auseinandersetzungen und unmittelbarer Beobachtungen und Erfahrungen treten, wenn dies besonders häufig gerade solche Menschen trifft, die, schon aus Veranlagung schwach in ihren intuitiven Kräften, zum Intellekt und zum Theoretisieren als Ersatzmittel ihre Zuflucht nehmen, entwickelt sich ein Typus mit ausgesprochenen Kontaktmängeln, mit Urteils- und Entscheidungsschwächen über praktische Fragen des menschlichen Zusammenlebens und Zusammenwirkens. Wesentliches und Unwesentliches kann dann nicht mehr auseinandergehalten werden, weil Wunsch- und Angstdenken sich mit logischem Argumentationsvermögen zu einem destruktiv kritischen Räsonieren verbinden. Gerade dieser Typus versagt auch meist total bei der Erziehung seiner Kinder. Kein Wunder, daß der neurotische junge Intellektuelle von heute nicht nur aus reichen Bürgerhäusern, sondern vor allem aus Akademikerfamilien, auch mittlerer Einkommenslage, stammt. Dabei wirkt es sich häufig besonders negativ aus, wenn dort auch die Mutter Akademikerin oder sonst beruflich engagiert ist. Es fällt ihr dann in der Regel leichter als anderen Müttern, Vorwände zu finden, wenn sie über ihr außerfamiliäres Engagement keine Zeit mehr findet, den Ansprüchen ihrer Kinder gerecht zu werden.

Dieser kritische Hinweis verlangt gerechterweise sofort eine ergänzende Anmerkung. Gerade diejenigen Staats- und Wirtschaftsbürger, die in ihrem Beruf mehr sehen als einen Job, um den Lebensunterhalt zu verdienen, und die weit mehr für die Gesellschaft tun, als in einer 40-Stunden-Woche erledigt werden kann, müssen ihrer Familie viel schuldig bleiben. Das kann gelegentlich zu tragischen Konflikten führen. Dann ist es gerade in solchen Fällen besonders wichtig, daß wenigstens ein Ehepartner (und das wohl meist die Frau) genügend Aufmerksamkeit, Verständnis und Zeit für die Ansprüche der Kinder findet. Wird dies nicht beachtet, etwa durch eine zu einseitige Propagierung der Berufstätigkeit von Frauen, so darf man sich nicht wundern, wenn bei den Jugendlichen Vereinsamung durch Liebesentzug und dementsprechend Rauschgiftsucht zunehmen.

Das Ergebnis ist dementsprechend: Denn so beschreibt der bekannte amerikanische Wissenschaftler und Diplomat G. F. Kennan das Bild des radikalen jungen Intellektuellen von heute: „Er ist, wie man es in einer überwiegend urbanen Gesellschaft erwarten darf, ein ausgesprochen urbanes Wesen: er ist besorgt, zornig und humorlos. Er mißtraut seiner eigenen Gesellschaft und bangt um seine eigene Zukunft. Überreizt und unüberlegt, ohne Vertrauen zu anderen, ungeduldig und gewöhnt, unmittelbare Ergebnisse zu erwarten, dürstet er förmlich nach Aktion. Romantisch und weltfremd ist er ständig auf der Suche nach Anliegen ... Ihm fehlt jegliches Gefühl für die Natur von Funktionen und Verantwortung, und auf seinem Gewissen lasten alle tatsächlichen oder eingebildeten Mißstände seines Landes. Dabei ist er oft aggressiv und ungewollt destruktiv gegen das, was er zum Leben braucht, ja manchmal sogar gegen sich selbst. Warum verhält er sich so? ... Er spürt bei seinen Eltern und auch bei sich selbst das Unbehagen materieller Übersättigung ohne den ausgleichenden Einfluß einer inneren Sicherheit. Fantasie und Ängste, Hoffnungen und Wünsche – sie sind in übertriebenem Maße und sehr frühzeitig der Stimulierung durch die Produkte der kommerzialisierten Massenmedien ausgesetzt. Dennoch fehlt eine ausreichende Quelle der Kraft, des Vertrauens und der Hoffnung. ... Es fehlt die feste Basis der Unterweisung in die Natur des Menschen, es fehlt das Wissen um das Tragische, das unabdingbar die zentrale Komponente des menschlichen Schicksals ist, und das Verständnis für die sich daraus ergebende Beschränkung der Möglichkeiten sozialen und politischen Fortschritts. ... Hinzu kommt seine Entfremdung von der Natur, seine Vertrautheit mit der Maschine und mit der Welt der Technik, sein Mangel an Verständnis für den langsamen, mählichen Prozeß organischen Wachstums. Dies alles verursacht bei ihm eine Ungeduld und Erwartung eines unmittelbaren Zusammenhangs zwischen Anreiz und Wirkung, die mit den Gegebenheiten seiner eigenen Entwicklung als Individuum nicht übereinstimmen und noch weniger mit der Entwicklung der Gesellschaft.

Als Ergebnis all dieser formenden Einflüsse leidet der junge Mensch im Studentenalter unter den Auswirkungen eines mangelnden Gleichgewichts in seinem emotionalen und intellektuellen Wachstum. In bestimmter Beziehung ist er früh- und überreif. In anderer wieder ist er wesentlich kindlicher, als es die Studenten früherer und unkomplizierterer Zeiten waren. Zwischen diesen Extremen der Über- und Unterentwicklung entsteht eine Spannung, die ihm akutes Unbehagen bereitet und deren Ursprünge seinem Bewußtsein größtenteils entgehen ... Während man sein Elend gewiß lindern könnte, indem man ... (Steine des Anstoßes) aus der Welt schaffen könnte ... Er würde versuchen, diese Faktoren durch andere zu ersetzen. Sein Elend wurzelt in der Gesellschaft, aus der er kommt, und es kann nur durch die Sanierung eben dieser Gesellschaft behoben werden."

3. Vom professoralen Intellektuellen

Wird das eigentliche Ziel echter Bildung, die den ganzen Menschen erfaßt, also auch Charakterbildung ist und vor allem den Umgang mit den Mitmenschen einbezieht, auf unseren Schulen und Hochschulen nicht erreicht, so bleibt es sehr zweifelhaft, ob die darauf folgende akademische Berufstätigkeit das Versäumte nachholen kann. Das liegt nicht nur an der mit dem Alter abnehmenden Formbarkeit der Menschen sowie am geistigen Snobismus, den allzu viele Akademiker aus den Hochschulen mitnehmen und nicht selten in einer esoterischen, kaum allgemeinverständlichen Intellektuellensprache weiterpflegen. Es liegt auch an der Anonymität und Unübersichtlichkeit unseres Gesellschaftslebens.

Sicherlich führt das überhöhte Sozialprestige, das gerade Wissenschaftler mit Professor- und Doktortitel in Mitteleuropa genießen, bei ihnen häufig zu einem aufgeblähten, wenig belastbaren Selbstbewußtsein. Manchmal will es sogar scheinen, als wären in kaum einer Berufsgruppe die Unterschiede hinsichtlich der spezialistisch intellektuellen und der charakterlichen Eigenschaften so groß wie bei den Wissenschaftlern. Die Gründe dafür liegen weniger in den unterschiedlichen Eigenarten der einzelnen Fachgebiete als in der unterschiedlichen Neigung, sich mit Haut und Haar der Spezialisierung zu ergeben. Begabung oder gar Genialität in einem speziellen Fach verführt leicht zu einer einseitigen Entwicklung der Gesamtpersönlichkeit. So können beim Wissenschaftler Kapazität und Niveau seiner Urteilskraft auf seinem speziellen Fachgebiet in einem diametralen Gegensatz zu seinem Verständnis für andere Fragen stehen. Das gilt meist auch für seine Beherrschung der wissenschaftlichen Theorie und für seine gleichzeitige Unfähigkeit, diese Theorie auf praktische Fragen anzuwenden. Gerade Wissenschaftler werden dann leicht zu räsonnierenden Intellektuellen, wenn sie demonstrativ zu politischen oder anderen allgemein interessierenden Fragen Stellung nehmen oder in der Öffentlichkeit wegen ihres Ansehens auf ihrem Fachgebiet besonderes Gehör finden.

Traf schon zu Zeiten der alten Ordinarienuniversität zu, daß Äußerungen von Wissenschaftlern in der Öffentlichkeit weit mehr Gewicht beigemessen wurde, als ihnen häufig zustand, so ist diese Gepflogenheit in Anbetracht der Verhältnisse in den heutigen weithin ideologisierten Gruppenuniversitäten noch viel gefährlicher geworden. Denn gerade hier hat ja der Vormarsch der Intellektuellen unseres Typs zuerst begonnen und dazu geführt, daß gerade in denjenigen Disziplinen, die für die gesellschaftliche Entwicklung von unmittelbarer Bedeutung sind (etwa in der Pädagogik und den Sozialwissenschaften, aber auch schon in der Jurisprudenz), Reformmodelle am laufenden Band produziert werden, die, weil sie als wissenschaftlich gesichert ausgegeben werden, nur allzu eilfertig von Journalisten als progressiv propagiert und von Politikern akzeptiert werden. Da auch die Auslese der Wissenschaftler gerade in solchen Fachbereichen zunehmend mehr nach Gesichtspunkten eines modischen Linksprogressivismus häufig obskuren Gehalts als nach einer fundierten wissenschaftlichen Ausbildung erfolgt, beherrschen auch die Hochschulabsolventen immer weniger die gesicherten Erkenntnisse ihrer Wissenschaften, vielmehr sind sie immer mehr erfüllt von jenen gewagten, unausgereiften und ungeprüften (häufig auch unprüfbaren) Hypothesen und Theorien, die dem Zeitgeist entsprechen. Das muß sich im nächsten Jahrzehnt katastrophal auf ihre praktische Berufsarbeit, besonders im pädagogischen Bereich, auswirken.

Eine solche Ideologisierung der Intellektuellen durch unser Bildungssystem bedroht dessen Auftrag, Menschen heranzubilden, die gerade in humanitärer Hinsicht unserer modernen Gesellschaft gewachsen sind. Denn die Anonymität und Unübersichtlichkeit der gesellschaftlichen Apparaturen und die wenn nicht in jeder Hinsicht unausweichlichen, so doch nur unter bestimmten Bedingungen menschlichen Verhaltens korrigierbaren wirtschaftlichen und gesellschaftlichen Verhältnisse, so wie sie sich aus der modernen arbeitsteiligen Wohlstandsgesellschaft ergeben, bewirken von sich aus keine Menschlichkeit im Sinne von mitmenschlicher Anteilnahme und Kooperationsbereitschaft. Eher das Gegenteil. Vielmehr setzen sie solche Menschlichkeit voraus, deren Heranbildung, einmal in jungen Jahren versäumt, kaum nachzuholen ist. Die Lage wird noch dadurch verschlimmert, daß dort, wo Erwachsenenbildung in der breitesten Form Platz greift, nämlich bei unseren Massenmedien, der destruktive Intellektualismus sich am ungehemmtesten betätigen kann.

4. Vom desorientierenden Intellektuellen

Presse, Rundfunk und Fernsehen sind in unserer Gesellschaft nicht nur der Spiegel des öffentlichen Bewußtseins. Sie übernehmen in unserer außengeleiteten Gesellschaft überdies die Rolle einer Art von öffentlichem Gewissen, dem kaum jemand zu widersprechen wagt. Wer im öffentlichen Leben steht, ist nicht nur in seiner persönlichen Karriere, sondern auch in der Ausübung seiner öffentlichen Funktionen, in der Verfolgung gesellschaftlicher Zielsetzungen also, weitgehend abhängig von dem Bilde, das die Massenmedien von ihm und seinem Tun entwerfen. Das kann bei vielen zu einer Presseabhängigkeit führen, die nicht selten bei neurotisch eitlen Figuren zur Hörigkeit entartet, wenn deren schwaches Selbstbewußtsein einer ständigen äußerlich sichtbaren Bestätigung bedarf.

So liegt bei den Massenmedien die größte Macht in unserer Gesellchaft, eine Macht, die praktisch kaum kontrolliert wird, auch nicht durch die Konkurrenz untereinander, wenn unter dem Einfluß einer modischen Zeitströmung gleichartige Vorurteile vorherrschend werden. Zuviel unkontrollierte Macht aber hat stets zweifelhafte Folgen. Hinzu kam, und das machte die fragwürdige Entwicklung besonders erfolgreicher Presseorgane unabänderlich, daß die Massenmedien im kommerzialistischen und libertinistischen Treibhaus unserer Zeit, das sie ständig selbst anheizten, allmählich umfunktioniert wurden.

Auf Massenwirkung bedacht, sind die Massenmedien darauf aus, ihren Lesern, Hörern und Zuschauern wenn nicht zum Munde, so doch zum voreingenommenen Herzen zu reden. Dementsprechend versuchen sie häufig, durch bewußte Emotionalisierung ihrer Meldungen und Kommentare überhaupt erst Voreingenommenheiten zu schaffen. Damit stiften sie meist mehr Verwirrung als Klarheit in den Köpfen der Staats- und Wirtschaftsbürger. Das ist unvermeidlich, wo einerseits kommerzieller Erfolg, auf jeden Fall aber Massenwirkung das oberste Leitmotiv der Meinungsproduzenten ist und andererseits mehr Unterhaltungs- als sachgerechte Informationsbedürfnisse bei ihren Konsumenten vorhanden sind. Auf diese Weise ist die Pressefreiheit, ursprünglich gedacht als fundamentale Voraussetzung einer freiheitlichen Gesellschaft, weitgehend zum ideologischen Vorwand für ein allenfalls kommerzialistisch begrenztes Tun-und-Lassen-Können vieler Journalisten und Zeitungsverleger geworden.

Dieser Funktionswandel muß nun besonders attraktiv auf unseren destruktiven Typ des Intellektuellen wirken und ihm besondere Chancen einräumen. Dieser Funktionswandel muß nämlich eine Auslese der Journalisten verursachen, die ihrerseits dem angedeuteten Mißbrauch förderlich ist. Journalistische Karriere macht in zunehmendem Umfang nicht, wer in erster Linie neben schriftstellerischen Fähigkeiten ein vielfältiges Wissen und einen scharfen, aber moralisch gebändigten, selbstkritischen Verstand besitzt; wichtiger wird, daß er bereit und fähig ist, an zweifelhafte Instinkte seiner Leser und Hörer zu appellieren und deren Voreingenommenheiten mit Hilfe semantischer Tricks oder nicht selten durch frei erfundene Gags wirkungsvoll ins Spiel zu bringen.

Solche Feststellungen können selbstverständlich nicht ohne weiteres verallgemeinert werden. Fast hundertprozentig treffen sie nur auf die meisten Illustrierten und Magazine sowie auf die Boulevard- und Regenbogenpresse zu. In diesen Presseorganen überwiegt eine Mischung von pharisäischem Moralismus, sentimentaler Heuchelei, destruktivem Zynismus und makabrem Sadismus. Daß ein solcher pseudointellektueller Cocktail seine Lesermassen findet, bestätigt das hilflose Ausgeliefertsein des modernen Menschen an eine unübersichtliche, ihm unverständliche Welt ohne feste Konturen. Zudem erweckt es den Verdacht, daß sich aus kommerziellen Gründen neben dieser mit emotionalisierenden Superlativen arbeitenden Presse nichts halten oder entwickeln kann, was vielleicht eine wachsende Minderheit von Lesern gewinnen könnte, die eine seriöser informierende, aber immer noch attraktive und leicht lesbare Form vorziehen würde.

Für die großen Tageszeitungen und die Fachpresse gelten unsere Feststellungen am wenigsten; und bei den Rundfunk- und Fernsehsendungen sind große Unterschiede zu registrieren, obwohl gerade hier in den letzten Jahren bei den politischen Sendungen und bei den Unterhaltungsstücken mit politischem Inhalt eine unseriöse, emotionalisierende Schwarzweißmalerei erheblich zugenommen hat. Daß hier auch bei führenden Journalisten seriöser Massenmedien das Bemühen um Korrektheit und Wahrhaftigkeit immer weniger eine selbstverständliche Verpflichtung ist, wird deutlich, wenn Fernsehkommentatoren – wie es gelegentlich geschehen ist – stillschweigend oder sogar expressis verbis ebensoviel und mehr Demagogie für sich in Anspruch nehmen, als sie den von ihnen kritisierten Politikern vorwerfen. Damit decouvriert sich der politische Journalismus als Zynismus oder Heuchelei und verliert den Anspruch, in seiner Funktion ernst genommen zu werden.

Nun können sich zweifellos Massenmedien aus ihrer Funktion heraus der Zeitströmung nicht entziehen, am allerwenigsten, wenn der Zeitgeist an die Stelle des Traditionalismus den Progressivismus gesetzt hat.

Gerade wer wie Journalisten von Berufs wegen dem Tagesgeschehen zugewandt ist, kann sich dem Kurzfristigen und Modischen nicht versagen und ist mehr der Veränderung als dem Bleibenden zugewandt. Gerade die in den Massenmedien Tätigen sind daher besonders anfällig dafür, alles Neue für fortschrittlich zu halten und von jeder Kritik des Bestehenden progressive Wirkungen zu erwarten. Da sie immer wieder in die Situation kommen, unsere komplizierte Welt, die sie selbst nicht besser verstehen als andere, in ihren Zusammenhängen allgemeinverständlich machen zu müssen, neigen gerade Journalisten notwendig zu Vereinfachungen bei der Darstellung von Kausalbeziehungen und Wechselwirkungen. Dafür aber liefern politische Ideologien die besten Hilfsmittel. Von niemandem ist in den fünfziger Jahren die verherrlichende Versimpelung der Marktwirtschaft durch die neoliberalistische Ideologie so eifrig aufgegriffen und betrieben worden wie von der westdeutschen Wirtschaftspresse. Und auch der Neomarxismus der letzten Jahre wäre vielleicht eine belächelte Skurrilität geblieben, hätten Feuilletonisten und politische Journalisten, unterstützt vom modernen Theater, nicht gerade diese Art von Weltinterpretation als interessante Neuheit, wenn nicht gar als letztgültige Wahrheit vertreten helfen. So muß man wohl mit Recht bezweifeln, ob überhaupt vom Journalisten erwartet werden kann, gegen die modischen Zeitströmungen anzugehen. Wahrscheinlich kann er es gerade dann am allerwenigsten, wenn der Trend auf einen individualistischen Zerfall der Gesellschaft hinausläuft.

5. *Von der asozialen Wertewelt der Intellektuellen*

Für den Zustand und das Schicksal einer Gesellschaft ist vor allem die für das Bewußtsein und das Verhalten der Menschen richtunggebende Wertewelt entscheidend. Für diese Wertewelt verantwortlich sind – ganz gleich, ob sie es auf eigene Initiative oder im Auftrage anderer tun – diejenigen, die mit den entsprechenden Wertungen das öffentliche Bewußtsein auffüllen. Das sind heute zunehmend die Intellektuellen des von uns umschriebenen Typs.

Unsere spätmarxistischen Systemüberwinder haben daher richtig erkannt, daß es bei einer Revolution nicht mehr darauf ankommt, die Machtstellen von Staat und Wirtschaft unmittelbar zu erobern, was heute in den Wohlstandsgesellschaften ein hoffnungsloses Unterfangen wäre, sondern daß es auf die Eroberung der „Bewußtseinsbildungsinstitutionen" (Lübbe) ankommt. Über diese Institutionen, d.h. über Schulen, Hochschulen, Volkshochschulen, Massenmedien, Kirche, Theater, Film und Literatur, können dann alle Werte zerstört werden, aus denen eine Gesellschaft lebt und die diese zusammenhalten. Sofern unsere Systemüberwinder nicht nur von einer Zerstörungswut besessen sind, sondern tatsächlich danach eine bessere Welt aufbauen wollen, begehen sie „nur" den Fehler zu übersehen, daß ihnen später für ihren Wiederaufbau die Werte und Haltungen um so mehr fehlen werden, je radikaler ihnen deren Abbau bei der Eroberung des öffentlichen Bewußtseins gelungen ist. Denn es handelt sich dabei nicht in erster Linie um Werte und Haltungen aus einer verrotteten kapitalistischen Welt, sondern um solche, auf die jeder gesellschaftliche Zusammenhalt angewiesen ist.

Die destruktive Problematik der hier propagierten neuen Wertewelt liegt in der Forderung nach Maximierung der individuellen Freiheit und Gleichheit, eine Forderung, die immer wieder erkennbar ist, wie diffus und widerspruchsvoll auch die von Progressivisten der verschiedensten Varianten vorgetragenen Meinungen sein mögen. Wie rigoros zugunsten eines beliebigen Freiheitsgebrauchs durch den einzelnen jede Art von Autorität und Kontrolle abgelehnt werden, wird aus einer Pressestimme deutlich, die sich mit der Zeitkritik Gehlens auseinanderzusetzen suchte. In dieser Stellungnahme wird Gehlen Konservativismus nicht etwa deshalb vorgeworfen, weil er tradierte Institutionen verteidigt, sondern weil er überhaupt das Funktionieren von gesellschaftlichen Institutionen für entscheidend hält. Eine solche Kritik geht offenbar davon aus, daß eine Gesellschaft ohne Institutionen existieren kann, daß der Umgang der Menschen miteinander keiner Regulativen bedarf und daß – sofern doch – das Einhalten solcher Regeln nicht kontrolliert zu werden braucht. Damit wird aber die totale, die schlechthin ungebundene Freiheit und Gleichheit der Menschen, d.h. die anarchische, die chaotische Gesellschaft, propagiert. Im ökonomischen Bereich liefert das Leitbild von der Antileistungsgesellschaft bei gleichzeitiger Maximierung individueller Ansprüche an Staat und Gesellschaft das Gegenstück. Drastisch formuliert: Man hält Staat und Gesellschaft für eine Art Wunderkuh, die beliebige Mengen von Milch zu erzeugen vermag, ohne überhaupt noch irgendwelcher Pflege und Fütterung zu bedürfen.

Ein anderes enthüllendes Beispiel liefert das mit Vorliebe verwendete Wort von dem „Unterprivilegiertsein" bestimmter Gruppen. Hier handelt es sich um einen typischen Fall Freudscher Fehlleistung. Dieses Wort läßt nämlich erkennen, daß man aus einem übermächtigen Gleichheitsstreben heraus jedes Gefühl für den notwendigen Zusammenhang von Rechten und Pflichten in einer Gesellschaft verloren hat, daß man statt dessen nur noch neidvoll an die Rechte der anderen denkt, an ihren möglichen Mißbrauch, an dem man sich oder andere auch beteiligen möchte. Denn wer sich oder andere als unterprivilegiert bezeichnet, verlangt doch wohl mehr Vorrechte. Vorrechte vor wem? Vor den anderen, denen gegenüber man sie mißbrauchen kann. Die Gesellschaft, in der alle privilegiert wären, könnte nur die Antileistungsgesellschaft sein, in der alle alle ausbeuten dürften, etwa eine neue Art von Volkskapitalismus oder eine Schlaraffengesellschaft, in der niemand diszipliniert zum Dienst für andere mehr verpflichtet ist. Der Playboy wäre der Prototyp einer solchen Gesellschaft, wenn nicht mehr in der alten Form einer degenerierenden jeunesse dorée, so doch in der proletaroiden Form der Gammler und Hippies und in der Gestalt jenes ewigen Studenten, der ein Zweit- oder Drittstudium auf Kosten der anderen absolviert, den numerus clausus unvermeidbar werden läßt, es jedoch ablehnt, so bald wie möglich zu qualifizierten beruflichen Gegenleistungen für die Gesellschaft herangezogen zu werden. Wie wird es mit der Lebensqualität und dem Glück der Menschen in einer solchen Gesellschaft aussehen?

Zur Lebensqualität gehört doch wohl vor allem das Gefühl, in einer Gemeinschaft geborgen zu sein, in der sich einer um den anderen kümmert. Dies ist nicht ohne dementsprechende vermehrte Fähigkeit und Bereitschaft zur Leistung für andere und für die Gemeinschaft möglich. Die bei uns immer mehr darniederliegende Versorgung von Kranken und Alten z.B. ist nicht schon dadurch beseitigt, daß mehr Krankenhäuser und Altenheime gebaut werden. Was schon heute vor allem fehlt, sind die Menschen, die zu ihrer Pflege bereit sind. Wenn eine Gesellschaft nicht verwahrlosen soll, läßt sich das nur vermeiden, wenn man soziale Anerkennung und Belohnung denen zuteil werden läßt, welche existenziell wichtige Aufgaben in der erforderlichen Qualität und Quantität wahrzunehmen bereit sind, d. h., wenn Leistungsautorität anerkannt wird.

Aber auch in subjektiver Hinsicht ist ein Playboydasein – auf welchem Einkommensniveau auch immer – nicht mit Lebensqualität vereinbar. Denn wie könnte eine Qualität des Lebens bei jedem einzelnen ohne jenes Lebensgefühl erreicht werden, das aus der ständigen praktischen Bestätigung erwächst, seine körperlichen, geistigen und moralischen Kräfte im Rahmen des jeweils Gegebenen entwickelt zu haben und dabei auch mit unerwarteten und unerfreulichen Aufgaben und Situationen fertig zu werden? Dazu gehört auch die Bereitschaft und Fähigkeit, mit Selbstverständlichkeit und ohne es als allzu große Belastung zu empfinden, alle jene langweiligen Routinearbeiten nebenbei mit zu erledigen, von denen der Ablauf des modernen Alltagslebens nun einmal abhängt. Nur so kann aus einer Gesellschaft Unterprivilegierter eine Gesellschaft werden, in der entweder alle gleich bestrebt sind, ihren menschlichen Pflichten nachzukommen, oder in der als Anerkennung für mehr Hingabe oder mehr Leistung Vorteile zuerkannt werden.

Auf eine solche Welt sind aber unsere progressiven Intellektuellen von heute nicht aus. Denn nicht der gesunde, kontaktfähige Mensch, der sich konstruktiv kritisch für seine Mitmenschen einsetzt, um sachliche Information, Wahrhaftigkeit und Kooperation bemüht ist und seine soziale Funktion in erster Linie an dem Platz sucht und erfüllt, wo er beruflich steht und persönliche Verantwortung trägt, sondern das sich selbst krankmachende Individuum, das sich der Gesellschaft und seinen Nächsten verweigert, ist die Figur, die zunehmende anerkennende Beachtung bei ihnen findet. Da dies mit dem Hinweis geschieht, die gesellschaftlichen Verhältnisse seien an allem schuld, ist Asozialität von selbst entschuldigt. Das erlaubt aber Gruppen und Individuen einen umweltfeindlichen Rückzug auf sich selbst, der die beklagten Verhältnisse häufig selbst verursacht, immer verschlimmert und ihre Besserung auf jeden Fall unmöglich macht.

Für solche Illusionen wird die Anfälligkeit auch bei älteren Jahrgängen zunehmen müssen. Denn wie soll sich auf die Dauer selbst das einfache Gemüt eines Bundesbürgers, der sich für Politik nicht interessiert und dementsprechend politischen Sendungen, Meldungen und Kommentaren ausweicht, gegen solche Vorstellungen wehren, wenn er tagtäglich in Unterhaltungsfilmen, Theaterstücken und Krimis immer dasselbe vorgesetzt bekommt: die Diffamierung der Reichen und Mächtigen, die Heroisierung aller Revoltierer, die Verunglimpfung von Ordnungsgewalten und die Beschönigung aller asozialen Naturen. Ganz besonders gilt das für die Beeinflussung junger Menschen, die keine ausreichenden Beobachtungen und Erfahrungen dagegenzusetzen haben. Hier wird besonders in manchen Rundfunksendungen geradezu systematisch Gehirnwäsche betrieben. So, wenn in Musiksendungen unter dem Titel „Politik für junge Leute" durch Halb- und Viertelwahrheiten, die meist in Form von ganz kurzen Feststellungen erfolgen, Voreingenommenheiten gegen die Verhältnisse in der Bundesrepublik oder den USA geschaffen werden. Häufig läuft dies auf raffinierte kommunistische Propaganda hinaus, die geschickt Neid, Mißtrauen, voreilige Solidarisierung und antiautoritäre Gefühle zu aktivieren versteht, ohne überhaupt den Versuch zu machen, Alternativen zu den kritisierten Verhältnissen in realitätsgerechter Form zu erörtern. So werden unrealistische Freiheits- und Bequemlichkeitsvorstellungen immer anspruchsvollerer Wohlstandsbürger aktiviert und als neues „Opium des Volkes" zum geeigneten Mittel, um diesmal von linksintellektuellen Verführern machtpolitisch mißbraucht zu werden. Diese Entwicklung wird früher oder später das Funktionieren unseres Gesellschaftslebens völlig lahmlegen müssen, wenn sich das verantwortliche Establishment in Politik und Wirtschaft nicht dazu aufrafft, geschlossen und mit allem Nachdruck dagegen Front zu machen.

IV. Vom Versagen des Establishment

Doch wir stellten bereits zu Beginn fest: Das Versagen des Establishment ist wohl die wichtigste Ursache nicht nur für den Vormarsch jener destruktiven Intellektuellen, die Freiheit und Gleichheit um jeden Preis auf ihre Fahne geschrieben haben, sondern auch für die Tatsache, daß solche Ideologen immer mehr Mitläufer an sich ziehen. Klingen doch die Forderungen dieser Intellektuellen so humanitär und plausibel, daß jeder, der sie anzuzweifeln wagt, sich selbst ins Unrecht zu setzen scheint. Die Gründe für die Unfähigkeit der politischen Führung, mit diesen Intellektuellen fertig zu werden, sind, wie ebenfalls zu Beginn schon angedeutet, vielfältiger Natur. Der wichtigste ist wohl, daß die Auslese in der Politik nicht funktioniert, weil zunehmend derjenige Aufstiegschancen gewonnen hat, der selbst orientierungslos sich dem destruktiven Zeitgeist am bereitwilligsten anpaßt.

Auch für diese Anpassungsbereitschaft hat man sich schon die passende Rechtfertigung zurechtgemacht. So wurde in einem Nachruf zum Tode von Max Brauer die Ansicht vertreten, dieser mit einer großen Durchsetzungskraft begabte frühere Bürgermeister von Hamburg sei wohl als der Mann der ersten Jahre unserer Demokratie für den Wiederaufbau geeignet gewesen, jedoch der heutigen Demokratisierung unserer Gesellschaft nicht mehr angemessen, weil Charisma und Autorität einer solchen Persönlichkeit mit demokratischer Vollendung in Widerspruch stünden.

Uns will scheinen, in diesem Urteil steckt viel von jener utopischen Geistesverwirrung, die heute üblich geworden ist. Zweifellos verlangen Reformen einer saturierten Gesellschaft differenziertere Führung, als sie in einer Aufbauphase erforderlich ist. Neue Gleise einzufahren ist eine Sache, alte Gleise zu verlassen, ohne sich festzufahren, eine andere. Doch zeigt die Orientierungslosigkeit der Menschen, das Hin und Her improvisierter und steckenbleibender Fehlreformen in den letzten Jahren, wie sehr uns heute führende Persönlichkeiten fehlen, die sich widersprüchlichen Wünschen nicht gleich anpassen, sondern die selbst Anpassung verlangen und diese durch das Vertrauen, das sie durch ihre Persönlichkeit zu gewinnen vermögen, auch durchsetzen.

Wer die Schwierigkeiten sachgerechter Urteilsbildung und Entscheidung aus dem politischen Leben der letzten Jahrzehnte kennt, weiß, wie schwierig die politische Führung in der modernen Welt geworden ist. Wenn die komplexen, viele Fachgebiete gleichzeitig umfassenden Aufgaben, die Legislative und Exekutive tagtäglich zu lösen haben, sachgerecht bewältigt werden sollen, wären nur die besten und bewährtesten Kräfte, die überhaupt vorhanden sind, gerade gut genug dafür. Sie müßten nach einer soliden Grund- und Spezialausbildung eine Bewährung in verschiedenartigen beruflichen Positionen nachweisen können und dabei Begabung für und schon eine gewisse Erfahrung mit Teamarbeit und mit der Integration vielfältigen Fachwissens gezeigt haben. Sie dürften auch nicht jene Kontaktmängel und jenes Schwanken zwischen überheblicher Besserwisserei und konkreter Entscheidungsunfähigkeit haben, die gerade Intellektuellen so häufig eigen sind.

Statt dessen ist es für eine politische Karriere heute wichtiger, daß jemand ausreichend rhetorisch und womöglich demagogisch begabt ist, über eine einigermaßen rasche, wenn auch höchst oberflächliche Intelligenz verfügt und die richtigen Ellenbogen und Beziehungen hat, als daß er etwas weiß und kann und dies bereits in möglichst vielfacher Form praktisch unter Beweis gestellt hat. Der politische Adept von heute muß also genau die Merkmale haben, die den Typ des Intellektuellen kennzeichnen.

Daß die bisherige Ausbildung und Auslese unserer politischen Führungskräfte in den meisten Fällen nicht ausreicht, um einen zeitgemäßen Führungsnachwuchs zu sichern, sollte inzwischen eigentlich eine allgemeine Erkenntnis geworden sein.

Weit gefehlt! Mit der Jugend- und Intellektuellenrevolte sollte dieses Problem noch mehr zum Tabu werden, als es schon vorher gewesen war, sonst hätte man nicht vor einiger Zeit in Westdeutschland das Mindestalter für das passive Wahlrecht auf 21 Jahre herabsetzen können. Durch diese Entscheidung haben die Politiker sich selbst disqualifiziert und zu erkennen gegeben, daß sie kein zureichendes Wissen besitzen, weder von der Welt, in der sie leben, noch von den Schwierigkeiten der Aufgaben, vor die sie gestellt sind. Sie haben nämlich dadurch bestätigt, daß man bisher für das politische Geschäft weniger Ausbildung, weniger Lebenserfahrung, weniger Distanz zu sich selbst und seiner Aufgabe brauchte als für jeden anderen qualifizierten Beruf, bei dem die Ausbildung bei 21 Jahren noch nicht abgeschlossen sein kann. Hier lag und hier liegt der Krebsschaden unserer Gesellschaft.

Da die Auslese des politischen Establishments keineswegs den Erfordernissen der Zeit entspricht, kann es nicht wundern, daß es zu ständigen Unterlassungssünden hinsichtlich schwieriger zukunftsrelevanter politischer Entscheidungen kommt. Daraus entsteht Unsicherheit und ein böses Gewissen.

An sich könnte das böse Gewissen eine produktive Einrichtung im Menschen sein, eine Kraft, die zur Revision einmal gemachter Fehler führt. Leider ist dies selten der Fall. Denn zunächst pflegt das böse Gewissen verdrängt zu werden. Es führt im Unterbewußsein ein zwielichtiges Regiment, und selbst wenn es sich schließlich nicht mehr unterdrücken läßt, wird es gewöhnlich Anlaß, die gemachten Fehler durch entgegengesetzte nicht auszugleichen, sondern zu verschlimmern. Dafür bietet die Lebensgeschichte wohl jedes einzelnen von uns wie die der Menschheit schlechthin eine Fülle von Beispielen.

Das böse Gewissen einer unfähigen Führung kann verschiedene Gründe haben. Es kann einfach dem Bewußtsein der eigenen Unzulänglichkeit, des eigenen Unvermögens entspringen, sich selbst ein Urteil über unsere moderne Welt bilden zu können, obwohl man doch zum Establishment gehört und daher eigentlich urteilsfähig sein müßte. Es kann andererseits auf dem Gefühl beruhen, in der Vergangenheit gegen besseres

Wissen und Gewissen immer wieder den bequemen Weg des geringsten Widerstandes gegangen zu sein.

Gerät eine solche Führung dann unter die massive Kritik von Intellektuellen, die sich nicht scheuen, aus berechtigten Anlässen zu Beanstandungen utopische Forderungen zu entwickeln, so lassen sich Politiker schnell verwirren und allzu leicht veranlassen, den unsinnigsten Forderungen nachzugeben. Man merkt dann gar nicht, daß man mit der allzu nachgiebigen Haltung erneut in die alten Fehler zurückfällt, denen man glaubt abgeschworen zu haben, sei es, daß man aus eigener Urteilslosigkeit die Kritik der Linksintellektuellen für klüger hält, als sie ist, sei es, daß einem ein konstruktiver Widerstand wiederum ein zu unbequemer Weg ist.

So können dann sich progressiv gebende Intellektuelle einem konzeptionslosen Establishment leicht einreden, daß sich die ungelösten Probleme am besten durch weitere Demokratisierung der Entscheidungen lösen lassen, wird man auf diese Weise doch am besten die drückende Verantwortung los. Man braucht sich nur erneut – wie früher dem Wählerwillen – jetzt den intellektuellen Minderheiten anzupassen, und stellt damit gleichzeitig seine demokratische Gesinnung unter Beweis. Auf diese Weise setzt sich ein fragwürdiger Reformismus und Pseudoprogressivismus durch, der zunehmend unvereinbare Zielsetzungen ansteuert und damit die Reformvorhaben immer unlösbarer macht. Denn mehr Mitbestimmung in allen gesellschaftlichen Bereichen, Recht auf beliebige Bildung in der Bildungsgesellschaft, ohne Verpflichtung, die Bildung auch (wenn nicht gar in erster Linie) auf die Erledigung der Tagesarbeit einer Gesellschaft abzustellen, Sozialisierung der Wirtschaft und dazu obendrein Antileistungspropaganda, das alles läßt sich nicht gleichzeitig unter einen Hut bringen. Aber es entspricht dem Geist wirrköpfiger, neurotischer Intellektueller.

Diese utopistischen Kritiker der westlichen Gesellschaft empfinden sich, obwohl sie mancherlei romantische Züge von vorgestern aufweisen, heute ausschließlich als Linksintellektuelle. Sie haben in den für das Selbstverständnis einer Gesellschaft entscheidenden Bereichen: in Literatur, Kunst, Wissenschaft und Bildung, sowie vor allem in den Massenmedien inzwischen so starken Einfluß gewonnen, daß sie bereits eine Art Nebenregierung darstellen, die den immer schwächer werden Legislativen und Exekutiven in Bund und Ländern (die Gerichte nicht ausgeschlossen) die Entscheidungen vorwegnehmen. So konnten destruktive ideologische Kräfte über geistige Leerräume, die schon in den fünfziger Jahren unausgefüllt blieben, in Entscheidungsbereiche eindringen, die ihnen legitimerweise gar nicht zustehen.

V. Zusammenfassung und Ergebnis

Die Maximierung von Freiheits- und Gleichheitsansprüchen macht Massengesellschaften zu egalitären Konsumgesellschaften, in denen die Führungseliten – falsch ausgelesen, unzureichend ausgebildet, überfordert und mit immer weniger Gestaltungsmacht ausgestattet – durch ihr Beispiel eher verführen als führen können. Die Verführung liegt im vorgelebt falschen Lebensstil, einerseits der Neigung, Einkommensmaximierung, Prestigekonsum und mit dem Sozialprestige Showeffekte überzubewerten, andererseits immer weniger bereit zu sein, Verantwortung und Risiko selbst noch zu tragen. Dies ist um so unvermeidlicher, je weniger das Bildungssystem solcher Gesellschaften Einsicht in die sozialen Zusammenhänge und Verständnis für die begrenzten Möglichkeiten, solche Einsichten eindeutig zu gewinnen, vermittelt. Dabei wandeln sich die Vorstellungen von Humanität zu einem kurzsichtig, kurzfristig, rein individualistisch ausgerichteten Ideal. Ziel wird das Glück des einzelnen heute und hier, das allein aus der Freiheit von jedem Zwang und von jeglichem Verzichtenmüssen erwachsen soll. Das erlaubt schließlich keine Anwendung von Sanktionen, keine Auferlegung von Pflichten mehr. (Die Burleske um den Ersatzdienst für Wehrdienstverweigerer ist dafür nur ein Beispiel.) Das Leitbild wird der Playboy in allen möglichen Varianten – vom dekadenten Mitglied einer jeunesse dorée über Starlets, Gammler, Hippies, Rocker und sich ewig bildende

Studenten bis hin zu risikofreien Revoluzzern mit Pensionsansprüchen und Beraterverträgen. Doch aus solchen Ansprüchen und ihrer Erfüllung kommt kein Glück, sondern die egozentrische Vereinsamung und ein diffuses Unbehagen von Bürgern und Antibürgern; die Institutionen von Staat und Gesellschaft aber, in ihrer Autorität als Ordnungsfaktoren weitgehend ausgehöhlt, können ihre koordinierenden und vorausplanenden Funktionen um so weniger erfüllen, je dringender sie gebraucht werden. Offenbar bestätigen sich erst jetzt voll die warnenden Voraussagen, die schon frühzeitig – oft von Fortschrittsoptimisten bezweifelt und bespöttelt – Sozialhistoriker und Kulturphilosophen (von Tocqueville bis Ortega y Gasset) über die Folgen von Freiheits- und Gleichheitsmaximierung in Massengesellschaften gemacht haben.

In einer solchen Situation wäre eine Rückbesinnung auf Ordnungskräfte, welche überbordenden Libertinismus einzugrenzen und Gemeinsinn und Einordnungsbereitschaft wiederzubeleben vermöchten, zu erwarten gewesen. Doch ist eine solche Selbstbesinnung offensichtlich durch verschiedene Faktoren behindert worden: einmal waren die Erfahrungen mit totalitären antikapitalistischen Systemen noch voll wirksam; zum andern war aber auch der Spätkapitalismus in Mißkredit geraten, da seine Wohlstandsproduktion allmählich als eine vermeintlich unverlierbare Selbstverständlichkeit, seine Einkommens-, Vermögens- und Machtverteilung von wunschdenkenden Fortschrittsoptimisten aber irrtümlich als einziges Hindernis zur egalitären Gesellschaft angesehen wurden.

In einer solchen Situation, in der die Alternativen Kommunismus und Kapitalismus in ihren bisher erfahrenen Varianten nicht akzeptiert werden, aber moralische Kraft und Geduld nicht mehr ausreichen, um die Verhältnisse schrittweise zu verbessern oder sich notfalls mit dem Gegebenen und den Möglichkeiten abzufinden, entstehen für Utopisten und Nihilisten auf dem Humusboden einer Masse von toleranten und orientierungslosen „Scheißliberalen" (um einen „progressiven" Begriff zu verwenden) einmalige Entfaltungsmöglichkeiten, und dies besonders für jene Typen, die ihre absurden Vorstellungen in suggestive oder auch nur durch modische Monotonie wirksame Worte zu kleiden verstehen. Sie füllen immer mehr unsere „Bewußtseinsbildungsinstitutionen" aus und erobern von dort nicht selten politische und sogar über Verbände und Mitbestimmungsrechte wirtschaftliche Machtpositionen. So erhalten – um mit Golo Mann (pars pro toto) zu sprechen – jene fehlleitenden „Professoren und Poeten der Revolution" eine besondere Chance, „die im glücklichen Fall etwas von Gedichten verstehen, aber nichts von Politik; denen die Weltgeschichte im Werden zur eigensten Unterhaltung dient; die uns heute die Insel Kuba als Hoffnung der Menschheit; die uns morgen dasselbe Kuba als eine Hölle des Elends und der Tyrannei beschreiben; denen es kurzum an Verantwortung und an Kompetenz fehlt".

Schließlich bestimmen diese Intellektuellen in der öffentlichen Bewußtseinsbildung die Leitbilder, nach denen sich das kompaßlose Establishment zunehmend auszurichten beginnt. Ohne es selbst zu merken, werden sie aus Kritikern des bereits erledigten Systems, zu Kritikern der neu entstehenden anarchischen und permissiven Gesellschaft, deren Fehlleistungen sie immer noch den längst nicht mehr respektierten ehemaligen Ordnungsprinzipien zur Last legen.

Auf diese Weise läuft die Entwicklung, ausgehend von der moralzehrenden Wirkung einer auf private Einkommens- und Konsummaximierung ausgerichteten Marktwirtschaft, zunächst in anarchistischer Richtung auf eine egalisierende Demokratisierung aller Gesellschaftsbereiche hinaus, eine Demokratisierung, die bei der anspruchsvollen Orientierungslosigkeit anpassungsbereiter Bürger und pseudoprogressiver Antibürger jede überlegte Gestaltung des Gesellschaftslebens unmöglich werden läßt. In Namen des Antikapitalismus verstärkt man alle Mängel des Systems, das man bekämpfen will, bis zur Absurdität und ohne zu wissen, woraus nach der Zerstörung des Systems eine neue Gesellschaft leben soll. Die Haltung dieses Pseudoprogressivismus ist ambivalent. Hinter und häufig schon neben dem Anarchismus steht bei intellektuellen Besserwissern meist ein Machtwille zut totalen Manipulation der Menschheit, die Mentalität eines Karl Marx, der auch den intellektuellen Weg zur Macht einzuschlagen versuchte, da ihm die anderen Wege verschlossen blieben.

Die besondere Gefahr für unsere Gesellschaft liegt darin, daß dieser intellektuelle Virus mit seinen asozialen Leitbildern in besonders starkem Maße unsere junge Generation befallen hat, und bei ihr vor allem jenen Teil, der die künftige Führung in allen Gesellschaftsbereichen stellen soll. Selbst utopisch und nihilistisch manipuliert und dadurch in ihrer physischen und psychischen Vitalität geschwächt, wird sie nicht die Kraft und Fähigkeit entwickeln können, die für die Lösung der teils vorgefundenen, teils von ihnen selbst verursachten Probleme unserer Gesellschaft erforderlich wären.

Literatur

Gehlen, Arnold: Moral und Hypermoral, Bonn 1969.
Kennan, George F.: Rebellen ohne Programm, Stuttgart 1968. S. 153 ff.
Mann, Golo: Der tiefe Wandel der Gesellschaft, Düsseldorf 1973.
Meves, Christa: Manipulierte Maßlosigkeit, Freiburg 1972, S. 130 f.
Scheuch, Erwin K.: Kulturintelligenz als Machtfaktor, Zürich – Osnabrück 1974.
Schumpeter, Joseph A.: Kapitalismus, Sozialismus und Demokratie, 2. Aufl., Bonn 1950.

CHRISTA MEVES

Zwischen Freiheit und Gesetz

Zur Illusion von der Normfreiheit in der Erziehung

> Niemand ist mehr Sklave,
> als der sich für frei hält, ohne es zu sein.
> *J. W. von Goethe*

Braucht der mündige Bürger in einer liberalen Demokratie eigentlich überhaupt noch Gesetze? Ist es dem modernen Menschen zumutbar, sich nach klischeehaften Normen der Gesellschaft auszurichten? Sind Exekutivorgane, die die Gesetze des Staates durchsetzen – die Polizei, die Gerichte, die Vollzugsanstalten –, nicht eo ipso Büttel der Unfreiheit, der Machtanmaßung? Haben wir nicht das Recht auf Freiheit?

Trends dieser Art, die nach Autonomie und Selbstbestimmung jedes Einzelnen rufen, sind heute so drängend geworden, daß es nötig ist, sich neu mit der Frage auseinanderzusetzen: Wie frei ist der Mensch? Was können, was dürfen wir Modernen, die wir doch wohl mehr Bewußtsein über uns selbst gewonnen haben, uns zumuten, ohne uns selbst zu schaden?

Ich hoffe, mit Hilfe meiner Erfahrungen aus dem Bereich der Psychopathologie einiges beitragen zu können, um Kriterien der Unterscheidung zu gewinnen.

I. Einschränkung der Willensfreiheit durch Entfaltungsverstümmelung

Absolute Selbstbestimmung des Einzelnen hätte eine Voraussetzung: daß alle Menschen erkennen könnten, was gut und was böse ist, und daß alle bereit und in der Lage wären, nach dieser Erkenntnis zu handeln. Wie wenig dies zutrifft, wird nun freilich im täglichen Leben auf Schritt und Tritt deutlich, besonders eindrücklich aber in Strafprozessen gegen sogenannte Triebtäter, wie z. B. Bartsch. Die Gutachter Lempp und Brocher haben ihm die Voraussetzungen, die ihn zur selbstbestimmenden Freiheit hätten befähigen können, abgesprochen. Sie haben festgestellt: Bartsch hat einen Charakter, der es ihm aufgrund einer in seiner Kindheit erworbenen Triebanomalie unmöglich macht, sich den gesellschaftlichen Normen entsprechend zu verhalten. Er ist seelisch krank in einer Weise, daß seine Entscheidungsfreiheit von seinem pathologischen Drang überflutend eingeschränkt, ja getilgt wird. Er kann zwar Gut und Böse voneinander unterscheiden, hat aber nicht die Möglichkeit, im Sinne dieser Einsicht zu handeln. Es geht ihm so, wie Paulus es bereits warnend zu beschreiben wußte: „Das Gute, das ich tun will, das tue ich nicht; aber das Böse, das ich nicht tun will, das tue ich."

Bartsch, so ergab sich, hat ein Kinderschicksal gehabt, das die Möglichkeit, seelisch und geistig gesund, d. h. willensfrei zu werden, gefährlich einschränkte. Es gibt dies in der Tat: daß auf diese Weise eine Behinderung einsetzt, die Selbstverantwortung dezimiert. Ein Beispiel aus der Praxis soll das weiter konkretisieren:

Vom Jugendamt geschickt, kommt vor Jahren ein Vater mit seinem 3jährigen Sohn zu mir. Die Nachbarn haben die brutale Prügelerziehung des Vaters beobachtet, der seinen Jungen mehrmals täglich wegen kleiner Vergehen schlägt. Ich versuche vergeblich, den Vater – typischerweise ist die Mutter gar nicht mitgekommen, hat nicht mitkommen dürfen – davon zu überzeugen, daß er auf diese Weise bei seinem Sohn Charakterschäden verursache. Mein Rat an das Jugendamt, diesem Vater die elterliche Gewalt zu entziehen, scheitert an dem energischen Widerstand der Eltern und daran, daß direkte Mißhandlungen nicht nachweisbar sind.

Vor einiger Zeit hatte ich im Gefängnis einen 18jährigen Untersuchungshäftling zu begutachten. Er hat wesentlich jüngere Jugendliche unter direkter Bedrohung mit geladener Pistole mehrere Male gezwungen, Geld vom Konto ihrer Eltern abzuheben und bei ihm abzuliefern. Es handelte sich um jenen

Ralf, der mir bereits als Dreijähriger vorgestellt worden war. Die Drachensaat ist aufgegangen. Darf ich in diesem Fall ein Gutachten erstellen, in dem ich bescheinige, daß dieser Junge in der Lage sei, seine ihm als Mensch gegebene Willensfreiheit zu gebrauchen? Darf ich das – obgleich auf meiner Karteikarte von damals der prognostische Eintrag steht: Gefahr von Gewaltverbrechen, Jähzorn, Affekthandlungen, wenn Erziehungsklima so bleibt? Und leider läßt sich nicht mehr der Einwand erheben, der es uns immer wieder so sehr erschwert, generalisierende Konsequenzen zu ziehen, der Einwand nämlich, mit Kasuistik ließe sich nichts beweisen, sie habe allenfalls anekdotischen Wert – dieser Einwand also ist in bezug auf das spezielle Problem „Prügelerziehung" unzulässig, seit das Ehepaar Glueck in den USA mit Hilfe von Prognosen und Längsschnittuntersuchungen nachweisen konnte, daß solche Entwicklung, wie unser Ralf sie zeigte, keineswegs einmalig ist, sondern daß in hohen Prozentsätzen bei mißhandelten Kindern Gewalttaten die manifeste Konsequenz im Erwachsenenalter sind.

Es wäre doch sehr töricht, wenn wir als verantwortliche Erwachsene jetzt mit dem Fuß stampfen und sagen würden: Er sollte aber wissen, was gut und böse ist, er sollte danach handeln können! Wir würden uns dann nicht anders benehmen, wie Morgenstern ironisierend diese Diskrepanz zwischen sittlicher Forderung und Wirklichkeit beschreibt: Wir würden schließen „messerscharf, daß nicht sein kann, was nicht sein darf". Mit Recht wehren wir uns heute gegen ein solches idealisierendes Wunschdenken und möchten uns an die Realität halten, um sie zu bewältigen, hic et nunc.

Auf diesem Weg sind wir nun aber unversehens in eine Sackgasse geraten; und zwar durch folgenden Fehlschluß: Wenn die Umwelt durch Fremdherrschaft schädigt, so schalte man diese Umwelt doch aus, schaffe man eine Gesellschaft, die nicht einengt, die freiläßt, um die volle, gesunde Entfaltung des Menschen zu erwirken. Dieser Prämisse nun liegt interessanterweise eine Vorstellung vom Menschen zugrunde, die bereits im Zeitalter der Aufklärung, im 18. Jahrhundert, postuliert wurde, nämlich die Vorstellung, daß der Mensch von Natur gut sei und Erziehung allein darin bestehen sollte, durch Nichtbeeinflussung dieses Gutsein zu freier Schönheit zu entfalten. Wir haben aber an der Praxis erfahren, daß dieses Modell eine enorme Überschätzung der Freiheit des Menschen bedeutet. Wir wissen heute zwar, daß durch bestimmte unzureichende oder inadäquate Umweltbedingungen in gesetzmäßiger Starre typische Charakterverbiegungen und seelische Leiden hervorgerufen werden können; wir haben aber auch in unserem Alltag lernen müssen, daß der Mensch keineswegs grenzenlos plastisch, keineswegs ohne Schaden zu nehmen, grenzenlos manipulierbar ist. Wir sind mit Hilfe der Kinderpsychotherapie keineswegs auf die Absolutheit der Normfreiheit, auf menschliche Autonomie, sondern gerade auf die Begrenztheit des Menschen, auf die Beschränkung menschlicher Möglichkeiten gestoßen. Wenn man zum Beispiel, wie bei uns, eine riesige Kampagne startet und die Frauen von ihren Säuglingen fort in die Berufe drückt und die Kinder, statt ihre urtümlichen Bedürfnisse zu befriedigen, nach allen Regeln der Kunst wirtschaftswunderlich durch ihre Kindheit hindurch verwöhnt, so züchtet man ein Heer von Verwahrlosten. Sie manifestieren sich heute in allen antisozialen Variationen, wie sie nun einmal dem individuellen Schicksal entsprechen: als aggressive oder als sexuelle Verwahrlosung, als Suchterkrankung, als Kleptomanie, im Gammlertum und Bandenwesen. Und jede Variante hat ihre spezielle, geradezu einförmig typische Vorgeschichte.

Und hier nun scheint mir der spezielle Erkenntniswert dieser unbequemen Erfahrungen zu liegen: Wir können es uns zum Beispiel nicht einfach erlauben, den Menschen nach eigenem Ermessen den Erfordernissen der Industriegesellschaft anzupassen; indem wir argumentieren, der Mensch sei das absolut lernfähige Wesen, er müsse von uns für die Erfordernisse der durch die Technik bestimmten Welt gemacht werden. Das geht immer nur unter Beachtung bestimmter Naturgesetze, bestimmter Entfaltungsbedingungen. Wir kämen ja auch nicht auf die Idee, zum Mond zu fahren, ohne die Gravitationsgesetze sehr genau zu beachten. Wir tun das nicht, weil wir wissen, daß wir mit Sicherheit Schiffbruch erleiden würden. Es wäre eine Fehlinvestition. Die Möglichkeiten, sich auf dem Mond relativ frei zu bewegen, sind für die Astronauten nur durch sorgfältige Berechnungen zu verwirklichen, und wir kämen nicht auf die Idee, sie zu verurteilen, wenn man sie, statt ihnen den erfolgversprechenden Start zu ermöglichen, irgendwo in einer Wüste ausgesetzt hätte, wo sie vielerlei irre Selbstrettungsversuche probiert hätten, ohne je zu starten.

Ich will damit sagen: Ein positiver Beitrag tiefenpsychologischer Erkenntnisse in bezug auf die dringend notwendige Bewußtseinserweiterung und damit auch eine Voraussetzung zur Neubildung ethischer Normen könnte in der Aufklärung der Fehlvorstellung von der schrankenlosen Machbarkeit des Menschen bestehen. Wir können zwar nachweisen, daß der Mensch, je jünger er ist, um so leichter verbiegbar, verführbar, verformbar ist. Aber wir können auch die unverantwortbaren, krankmachenden, zukunftsverspielenden Folgen beschreiben, die in all ihrer eisernen Konsequenz eintreten, wenn unumgänglich lebens- und arterhaltende Bedingungen außer acht gelassen oder unzulässigerweise manipuliert werden. Daß der Mensch nicht zur Gesetzlosigkeit schlechthin berufen ist, daß er seine Grenzen überschreitet, wenn er meint, er könne sich alles je nach Lust und Laune erlauben, das läßt sich eben an Hand der Erfahrung der Psychopathologie beweisen. Willkür in der Erziehung – nach welchem ideologischen Konzept auch immer – kann seelische Entfaltung behindern, ja in schlimmen Fällen verstümmeln.

II. Entfaltungsbedingungen

So gehört es zum Beispiel zu den Aufgaben des Kleinkindes, das kindliche Ich einerseits in deutlicher Absetzung von der Mutter zu entfalten und andererseits die Grenzen seiner expansiven Machtbedürfnisse zu erfahren. Wird diese entwicklungspsychologische Gegebenheit nicht beachtet und statt dessen etwa mit Hilfe eines pädagogischen Rigorismus jeder Besitz-

und Geltungswunsch, jeder Egoismus, im Keim unterdrückt, so entwickeln solche Menschen eine sogenannte Aggressionshemmung, das heißt, sie sind nun zeit ihres Lebens, oberflächlich gesehen, außerordentlich unterwürfig, werden aber immer einmal wieder von Durchbrüchen durch ihre Gehemmtheit in Form von Jähzorn, Geiz und heimlichen Manövern der Machtergreifung überschwemmt, ja geradezu beherrscht.

Interessanterweise führt aber Prinzipienreiterei in der Erziehung nach der extrem entgegengesetzten Richtung – etwa mit der modischen Ideologisierung eines falsch verstandenen Freiheitsideals – zu gleichartigen Minderungen der Eigenentfaltung: Werden Kleinkinder durch eine solche Ideologie gehindert, an ihren Erziehern zu erfahren, daß ihren Impulsen zur Ich-Ausweitung unumstößliche Grenzen gesetzt sind, so werden daraus meist ebenfalls keine freien Menschen, sondern unglückliche Ungeheuer, die von ihren ungesättigten Aggressionen immer wieder überflutet werden.

Ich kann die Gesetze, die auf diese Weise an der Praxis sichtbar wurden, hier nur andeuten; aber eines ist sicher: Wenn der Mensch die Chance bekommen will, als Erwachsener nicht ständig durch geschädigte Antriebe in seiner Willensfreiheit behindert zu sein, hat er es nötig, sich an bestimmte „Vorschriften" zu halten. Diese Vorschriften können nicht, wenn sie das Ziel, die Entscheidungsfreiheit des Menschen erreichen wollen, nach eigenem Ermessen ausgedacht werden. Sie sind eine Folge des genauen Beobachtens und Erforschens der Entfaltungsbedingungen des Menschen. So relativierend die Erkenntnisse über die Verstörungsmöglichkeit des Menschen durch Umwelteinflüsse zu sein scheinen, so führen sie bei genauerer Betrachtung gerade zu der Erkenntnis, daß der Mensch in bezug auf die Gestaltung seines Lebens zunächst von Naturgesetzen abhängig ist. Die Chance, einen Status zu erreichen, in der Freiheit von ihnen möglich ist, kann ihm nur zuteil werden, wenn er sie für den Lebensanfang des Kindes beachtet und sich ihnen unterwirft.

Der Mensch wird also nicht gegen alle Unbill Mensch, das Genie setzt sich nicht um jeden Preis durch. Der Mensch ist das Allerzarteste unter den Lebewesen, und häufig gleicht er am Ende seiner Kindheit eher einem kranken Tier als der Krone der Schöpfung.

Die oft geradezu gleich aussehenden Verhaltensstörungen von Kindern und Tieren, denen man die ihnen adäquaten Entfaltungsbedingungen versagte, haben uns gezeigt, daß der Mensch, wenn seine Reifung mißlingt, in tierische Stadien zurückfallen kann, das heißt, er erreicht nicht die Stufe, in der er in der Lage wäre, aufgrund von Reflexion und Einsicht nach freiem Entschluß zu handeln, sondern er verfällt der Herrschaft ungesteuerter, überschießender, gestauter Antriebe. Nur wenn ein Menschenkind einen Erzieher hat, der – bewußt oder unbewußt – auf die Naturgesetze hört und sich ihnen stellvertretend für das Kind unterwirft (wie zum Beispiel den Gesetzen der Brutpflege), hat es die Chance, aus ihrer Herrschaft teilweise und zunehmend mehr bereits zu Lebzeiten entlassen zu werden. Denn erst in der Welt mündiger Erwachsenheit verliert die Natur ihren Primat.

Entwicklungspsychologisch gesehen, ist Gesetzlichkeit die adäquate Passung für Lebewesen, deren geistig-seelischer Status die „Vorschrift" unumgänglich nötig macht; und zwar trifft das zu sowohl für die Stammesgeschichte wie die Einzelentwicklung. Freiheit von der Natur setzt ihre geistige Integration, nicht ihre Vergewaltigung, Verdrängung oder Vernachlässigung voraus. Erst ein Mensch, der bewußt in der Lage ist, der Natur zu geben, was der Natur gebührt, hat die Chance, eine Reifestufe zu erreichen, in der Raum ist für freiheitliches und verantwortungsbewußtes Handeln. Daher ist auch erst der in dieser Weise völlig seelisch und geistig ausgereifte Mensch kraft seiner Einsicht in seine Gebundenheit in der Lage, eine Befreiung von äußeren Normen zu ertragen, ohne in die Gefahr einer anarchistischen Inflation seiner Antriebe durch ein Ausmaß an Freiheit zu geraten, das seinem Entwicklungsstand nicht entspricht. Erst dem wirklich mündigen Menschen ist es möglich, den äußeren Sittenkodex durch persönliche Entscheidungsfreiheit zu ersetzen, da er sich freiwillig dem Geist der Liebe als einem Gradmesser seines Handelns unterstellt hat. Dieser Status ist aber geradezu bestimmt durch die Einsichtsfähigkeit in die Notwendigkeit von Ordnung und durch die persönliche Entscheidung, sich selbst um der anderen willen an sie gebunden zu fühlen.

III. Konsequenzen der partiellen Determiniertheit

Da dieser Status aus den eben beschriebenen Gründen aber heute nur noch von einer immer kleiner werdenden Zahl von Menschen im Erwachsenenalter erreicht wird, ist das Postulat gesellschaftlicher Normfreiheit nicht nur eine unrealistische, sondern geradezu gefährliche Tendenz. Sie ist auch keineswegs ein gesundes Zeichen echten Fortschritts – im Gegenteil! Es ist ein Zeichen von Reife, Grenzen zu erkennen, anzuerkennen und sich selbst aufgrund eines persönlichen Verantwortungsgefühls Einschränkungen auferlegen zu können. Freiheit ohne Schranken fordert gerade der Unmündige, der seelisch Kranke, der aufgrund gestauter und unbewältigter Antriebe maßlos nach Sofortbefriedigung Heischende. Das läßt sich in jeder Einzelbehandlung immer wieder erfahren.

Die Fähigkeit zu echter moralischer Entscheidung ist also erst die Frucht einer vollen Ausreifung zum Menschen – und hier erst könnte ein Gesetz ansetzen, das vom Vorhandensein der freien Willensentscheidung ausgeht. Sehr viel zu tun hätte das Gericht dann freilich nicht mehr, denn die meisten Verbrechen werden von Personen begangen, die sich noch oder tragischerweise für immer in einem vormoralischen Zustand befinden.

Die Konsequenz aus diesen Erkenntnissen könnte also nicht heißen, diese Menschen auf freien Fuß zu setzen – im Gegenteil, viel konsequenter müßte die Straftat als ein deutlicher Beweis dafür gewertet werden, daß hier Unfreiheit, Unmündigkeit, Entwicklungsrückstand in einem Maße vorliegt, die der ständigen Beobachtung, Betreuung, intensiver Überwachung, ja u. U. sogar des ständigen Freiheitsentzugs bedarf. Diese

Konsequenz müßte allein schon deshalb vollzogen werden, um die Gesellschaft zu schützen – aber auch, um Verantwortung für die Unmündigkeit zu übernehmen. Dabei darf ich von meinem Fach her sagen: Man macht sich die Sache ganz gewiß zu leicht, wenn man meint, durch eine Auflage etwa von 10 Verhaltenstherapiestunden oder einem 12maligen Sensitivitytraining eine Nachreifung erreichen zu können. Es dreht sich überhaupt in den seltensten Fällen nur darum. Meistens ist die Straftat der manifest gewordene Knoten eines riesigen unterschwelligen Geschwürs, das oft bereits irreparable Zerstörungen angerichtet hat. Heilung von Triebtätern – etwa durch eine Hirnoperation oder durch Kastration, durch Schocktherapie oder ein bißchen Fürsorge – ist eine geradezu dummerjanige Illusion. Natürlich kann man einen Verstümmelten so zusätzlich verstümmeln, daß er nicht mehr kriechen kann – mit einer Beseitigung der Erkrankung haben solche Manipulationen nicht das geringste zu tun. Hart möchte ich daher an dieser Stelle im Hinblick auf alle törichten Hoffnungen auch auf die Seelenärzte der Zukunft sagen: Manche dieser Fälle sind irreparabel krank, und wir können daraus nur die bittere Konsequenz ziehen, diesen bedauernswerten Menschen in Verwahrung menschenwürdige Lebensbedingungen zu schaffen, da die freie Umwelt für sie zu einer unerträglichen Dauerversuchungssituation wird, vor der wir sie und die Umwelt zu schützen haben. Aber schlimmerweise gibt es bei uns keinerlei Institutionen, die die Funktion übernehmen können, für Kranke dieser Art in echter Weise menschenwürdige, beschützende Werkstätten unter der Obhut des Staates zu sein.

Ich habe meinen Aufsatz aber allein von diesem Bereich her aufgezäumt, um an Hand der kinderpsychologischen Erkenntnisse aufzuzeigen, wie sehr durch die Krankheiten der Seele im Entfaltungsprozeß des Menschen hindurch sehr eherne Ordnung sichtbar wird, der wir uns nicht achtlos entziehen können.

Viele der alten ethischen Normen waren sicher auf dem Grund der bitteren Erfahrung, aus der Not der Zweckmäßigkeit, aus dem Unvermögen zu persönlicher Entscheidungsfreiheit und Einsichtsmöglichkeit erwachsen. Wir sind heute über Normen dieser Art keineswegs erhaben. Sicher mag die eine oder die andere im echten Sinne überholt sein; bei vielen anderen verstehen wir sicher nur törichterweise ihren Sinn nicht mehr. Und müssen wir ihn nun wirklich erst wieder – durch wie viele Generationen hindurch – bitter am Übermaß von Not, Krankheit und Seelenverstümmelung erlernen? Oder können wir nicht doch dieses in der Natur übliche strapaziöse Verfahren abkürzen, indem wir aus Einsichten in die Psychopathologie Konsequenzen ziehen?

IV. Alte Tabus und modische Normfreiheit

Sehr unmittelbar läßt sich der Sinn sittlicher Strukturen zum Beispiel am Familiengefüge erkennen. Die Familie läßt sich bestimmt nicht unbeschadet einfach abschaffen. Kinder arbeitender unehelicher Mütter haben absolut keine Chancengleichheit mit solchen, die das erste Lebensjahr bei einer glücklichen Familienmutter verbringen dürfen, bei denen gleichzeitig ein Vater den Unterhalt verdient, viel weniger Chancengleichheit als zwischen einem Arbeiter- und einem Akademikerkind aus vollständiger, intakter Familie. Und durch die Erstellung von mehr Kindergärten kann man sich um diese Gegebenheiten bestimmt nicht herummogeln.

Viele Tabus, wie zum Beispiel die Inzestschranke zwischen Eltern und Kindern, sind nicht nur in bezug auf das Erbgut zweckmäßig, sondern sie sind unumgänglich, weil sonst die Ausrichtung auf einen fremden gegengeschlechtlichen Partner nicht in fröhlicher Unbewußtheit vor sich geht, sondern durch Angst blockiert wird. Die Inzestschranke zwischen Eltern und Kindern – so haben Ford und Beach jüngst nachgewiesen – ist in allen noch so primitiven Gesellschaften der Art Mensch durchgängig vorhanden. Wenn man zum Beispiel diese Norm der Inzestschranke lockert, wie es der Psychologe Kentler in seinem Buch „Sexualerziehung" direkt vorschlägt, und zwar dergestalt, daß Eltern und Kinder miteinander versuchen sollten zu koitieren, um – wie er sagt – „an der Enttäuschung der Unangemessenheit zu scheitern", statt wie heute an der Norm der Ausschließlichkeit der Erwachsenensexualität frustriert zu werden, so hat eine solche Entnormung, wie die tiefenpsychologische Erfahrung lehrt, schwere pathologische Folgen. Denn die sogenannte ödipale Phase der Kinder, etwa im Alter von fünf Jahren, hat – das ließ sich durch kritisches Beobachten ermitteln – einen vollständig anderen Stellenwert als den der sexuellen Vorübung und bedarf auch anderer erzieherischer Verhaltensweisen durch die Erwachsenen. Wir haben an einzelnen Fällen hinreichende Praxiserfahrung darüber sammeln können, daß Kinder, die durch überhitzte erotische oder gar sexuelle Anreizung in der ödipalen Phase an ihren gegengeschlechtlichen Elternteil seelisch gefesselt werden, meist bereits im Grundschulalter, spätestens aber in der Jugendzeit eine Fülle von schweren Verhaltensstörungen entwickeln. Und zwar besteht der Kern dieser Störungen in Gewissensängsten und Selbstbestrafungstendenzen, die zu einer Kette von Unfällen, Ohnmachtsanfällen und einer Fülle von leib-seelischen Erkrankungen wie chronischem Erbrechen, Eßstörungen, ja schließlich zu Perversionen führen können. Es scheint, daß die Fesselung an den unangemessenen Partner Angst und damit „Fluchttendenzen" von der Gefahrenquelle mobilisiert. Denn es ist Aufgabe der Eltern in der ödipalen Phase ihrer Kinder, ihnen Vor-Bild, nicht Vor-Leib zu sein.

Aus Erfahrungen dieser Art läßt sich ablesen, daß wir Empfehlungen zur Normfreiheit keineswegs unreflektiert übernehmen dürfen; denn wir riskieren es auf diese Weise, abartige seelische Entwicklungen heraufzubeschwören, Störungen, die dann sicher die Lebenserfüllung einer noch viel größeren Zahl von Menschen in Frage stellen würden, als es unter einer einseitigen Prüderie des Lebensstils im vorigen Jahrhundert der Fall war.

Ich könnte noch viele Beispiele bringen, die alle deutlich machen, daß die wenigsten aller Ordnungen willkürlich von Menschen zu Unterdrückungszwecken gemachte Normen waren. Gemachte Normen verschwinden wieder von der Bildfläche der

Geschichte, wenn sie Mißbrauch sind, enden in der Zerstörung, wie uns Hitlers „Tausendjähriges Reich" eindrücklich vor Augen geführt hat. Dies ist der zentrale Irrtum aller jener, die nach einer gesellschaftlichen Veränderung mit absoluter Normfreiheit rufen: daß alle tradierten Normen „gemacht" wurden, um die Menschen zu unterdrücken, und daß man nun nur Normfreiheit zu „machen" brauche, um die Seligkeit auf Erden herzustellen. Eine solche Anthropologie ist unbiologisch und unrealistisch. Der Beweis von Echtheit oder Unechtheit, von Einklang oder Mißbrauch wird am Leben erbracht und daran, ob der jeweilige Brauch eine Passung darstellt zur Entwicklungssituation eines Kollektivs. Er steht oder fällt damit, ob er die Chancen zu menschlicher Höherentwicklung steigert oder blockiert. Höherentwicklung in bezug auf seelisch-geistige Differenziertheit ist aber – genau wie bei der Mondfahrt – nur auf der Basis der Beachtung und Einhaltung von Naturgesetzen vollziehbar. Viele dieser Grundgesetze sind uns in bezug auf den Menschen bisher nicht ins Bewußtsein gedrungen. Solange sie in natürlicher Ordnung gelebt wurden, war das auch nicht nötig. Heute, im technischen Zeitalter, wo wir die alten Ordnungen mit der Auflösung der agrarischen Kultur nicht mehr haben und mit dem Glauben an unsere unumschränkte Machbarkeit versuchen, uns die Erde zu versklaven, stoßen wir an unsere Grenzen; sie werden an seelischen Erkrankungen sichtbar. Sie zu kennen bietet eine Chance, neue Kriterien zu finden in der Frage, wieweit wir befugt sind, gesellschaftliche Veränderungen vorzunehmen, ohne uns zu ruinieren. Da wir das heute nicht mehr in ausreichendem Maße erkennen, steht die Natur in ungeheuerlicher Dämonie auf und singt uns in der seelischen Entartung und Erkrankung des Menschen ihr Rachelied. Die Psychopathologie kennt den Text dieses Liedes, und uns kann nur geholfen werden, wenn wir ihn lernen und eilig beginnen mit den alten Ritualen, dem Opfern, dem Knien, dem Beten, zur Beschwichtigung des Zornes der Göttin.

Ich spreche absichtlich an dieser Stelle in der Sprache der Mythologie, damit wir erkennen, daß religiöse Rituale, bis hinein in die Gebräuche der Naturreligionen keineswegs dummer

Aberglaube waren, sondern Gefühl für Wesensbezüge, das wir schlimmerweise verloren haben. Es steht uns wohl auch heute noch an, darauf zu horchen, um dann, wenn wir im Nachdenken über den Sinn einer überlieferten Norm oder durch geniale Menschen eine Einsicht gewonnen haben, mit Ernst zu ge-horchen.

V. Zusammenfassung

Das modische Postulat, Normfreiheit für jedermann zu fordern, um „repressive Herrschaftsansprüche" zu überwinden, macht eine Neubesinnung dieses Themas und das Suchen nach Kriterien notwendig. Erfahrungen auf dem Gebiet der Entwicklungspsychologie und der Psychopathologie können dazu einen Beitrag leisten. Es gibt artspezifische Entfaltungsbedingungen beim Menschen – wie zum Beispiel die „Brutpflege" durch eine immer gleiche Person, die Erziehung zur Selbständigkeit, die Erfahrung der Grenzen des eigenen expansiven Machtbedürfnisses und der Gelegenheit zu angestrengter, durchhaltender Antriebsbetätigung. Diese „Vorschriften" der Natur verlangen ihre strenge Einhaltung und Erfüllung: Denn wenn sie nicht hinreichend genug beachtet werden, gerät der Mensch in die Gefahr, den Status mündiger Erwachsenheit, in dem es ihm möglich ist, aufgrund von Reflexion und Einsicht zur Verwirklichung seiner Willensfreiheit zu kommen, nie zu erreichen. Er bleibt statt dessen ein partiell Entwicklungsgehemmter, der von seinen beschädigten Antrieben immer erneut überflutet wird und sich – besonders im Fall von Straftaten wird das deutlich – als ein von ihnen Besessener erweist. Die immense Zunahme solcher Verhaltensstörungen, die Tatsache also, daß die Zahl der „Mündigen" abnimmt, macht das Postulat der Normfreiheit zu einer gefährlich unrealistischen Tendenz: denn da dem Unmündigen eine bewußte Einsicht in seine Gebundenheit an biologische, kosmische Ordnungen fehlt und an ihrer Stelle unreflektiert und unbewußt das Bedürfnis steht, den eigenen Machtbereich auf Kosten anderer auszudehnen, beschwört er die Gefahr eines überbordenden Anarchismus herauf, der durch seine Tendenz zu hemmungsloser Machtergreifung nicht die Freiheit fördert, wie er vorgibt, sondern Gewaltherrschaft bewirkt.

Literatur

Dührssen, A.: Psychogene Erkrankungen von Kindern und Jugendlichen, Göttingen 1960.

Ford, C. S. u. Beach, F. A.: Formen der Sexualität, 2. Aufl., Hamburg, 1969.

Glueck, S. u. E.: Unrevealing juvenile delinquency, New York 1947.

Kentler, H.: Sexualerziehung, Hamburg 1970.

Meves, C.: Erziehen lernen, 6. Aufl., München 1978.

Meves, C.: Verhaltensstörungen bei Kindern, 6. Aufl., München 1976.

Meves, C.: Aggression und Autorität. In: Mut zum Erziehen, 9. Aufl., Gütersloh 1978.

Meves, C.: Vergleichbare Strukturen von Verhaltensstörungen bei Kindern und Tieren. In: Praxis der Kinderpsychologie, H. 8, 1967, S. 237 ff.

Meves, C.: Zur Ätiologie der Hysterie aus der Sicht kinderpsychotherapeutischer Praxis. In: Wege zum Menschen, 19. Jg. (1967), H. 3, S. 31 ff.

Riemann, F.: Die Moral als Ergebnis menschlichen Frühschicksals. In: Natur und Natürlichkeit, Dokumente der Paulus-Gesellschaft, München 1968, S. 107 ff.

Rousseau, J. J.: Emil, oder über die Erziehung, 4. Aufl., Langensalza 1907, S. 9, S. 16 ff.

Schwidder, W.: Neopsychoanalyse. In: Handbuch der Neurosenlehre und der Psychotherapie, Bd. III, München–Berlin 1969.

HEINZ-DIETRICH ORTLIEB

Mitbestimmung in unserer arbeitsteiligen Leistungsgesellschaft

Ihre Realisierungschancen unter dem Einfluß des Zeitgeistes

> Es gibt im Leben und besonders im geschichtlichen Leben keine größere Versuchung als den Erfolg. Der Stolz auf das Vollbrachte will den Triumph verewigen, so wie andererseits Reform gerade in der Krise möglich wird. Die wahre Reform wäre die Abkehr von dem Triumph, bevor er in die Krise führt.
>
> *Eduard Heimann*

Bei der Herausbildung und Einführung neuer Ordnungsformen in Wirtschaft und Gesellschaft zeigt sich stets die Eigentümlichkeit, daß die später nur noch schwer wandlungsfähige Physiognomie des neu entstandenen Ordnungssystems schicksalhaft geprägt wird durch die vorgegebenen Begleitumstände und unmittelbaren Folgewirkungen, unter bzw. mit denen die neuen Institutionen entstanden. Was an Begleitumständen revolutionäre oder reformerische Macht- und Meinungskämpfe begünstigt, braucht noch keineswegs der Realisierung der angestrebten institutionellen Änderungen förderlich zu sein. Die Instabilität der „Sozialen Marktwirtschaft" entstand nicht zuletzt daraus, daß diese Ordnung sich mit dem allgemeinen Wunsch nach rascher Restauration individueller ökonomischer Existenzmöglichkeiten so hemmungslos durchzusetzen vermochte. So wurde von Anfang an über die Frage, was dem einzelnen kurzfristig nütze, zu fragen vergessen, was dem Zusammenhalt einer Gesellschaft und damit langfristig auch dem einzelnen bekömmlich sei. Zwar hatte die Rückkehr zur Marktwirtschaft als ihren großen Erfolg den raschen ökonomischen Wiederaufbau der fünfziger Jahre aufzuweisen, schuf aber gerade dadurch die ökonomischen Voraussetzungen für eine anarchistische Zeitströmung, die, nachdem sie ihre Hauptantriebskräfte im „geistigen Überbau" fand, nun die „marktwirtschaftliche Reform" als „spätkapitalistische Restauration" in Frage stellt.

Einem ähnlichen, vielleicht noch katastrophalerem Schicksal scheint die Mitbestimmungsidee entgegen zu gehen. Zwar ist die Zeitströmung ihr günstig. Ja, der Mitbestimmungsgedanke scheint dem heutigen Zeitgeist geradezu auf den Leib geschrieben zu sein. Aber gerade daraus entsteht die Gefahr, daß man mit der Verwirklichung dieser Idee mehr als leichtfertig umgehen wird. Unsere Frage ist daher: Wohin führt die Ausweitung der Mitbestimmungsrechte im Zuge der gegenwärtigen Zeitströmung? Denn auch und vor allem dann, wenn man wie der Verfasser der Ansicht ist, daß eine Idee wie die der Mitbestimmung im positiven Sinne zukunftsgestaltende Bedeutung haben könnte, muß man nach den zeitgegebenen Bedingungen ihrer Wirksamkeit, muß man nach dem Kairos fragen, danach, ob die Zeit für die sozial förderliche Realisierung einer solchen Idee erfüllt ist.

I. Erfahrungen und Voraussetzungen

1. Die Idee des zwanzigsten Jahrhunderts...

Bereits in den ersten Nachkriegsjahren kündigte sich in unserer Bundesrepublik als Reaktion auf die Erfahrungen mit dem Kapitalismus und mit den totalitären Systemen des Kommunismus und des Faschismus der Mitbestimmungsgedanke als die zur Vorherrschaft drängende Idee unseres Jahrhunderts erneut an. Dieser Gedanke war bereits in der Weimarer Zeit von den Gewerkschaften unter dem Schlagwort „Wirtschaftsdemokratie" proklamiert worden (Fritz Naphtali). Damit setzte sich die abendländische Tradition fort, die schon vor Jahrhunderten begonnen hatte und mit den Forderungen nach individuellen Freiheitsrechten zunächst mit der Reformation, später mit der Aufklärung und schließlich im 19. Jahrhundert mit dem Wirtschaftsliberalismus und Marxismus ein individualistisches Zeitalter heraufführen sollte.

64

„Ordnung ohne Herrschaft" ist das Idealbild gewesen, das die Freiheitsbewegung der abendländischen Neuzeit trug und von ihr getragen wurde. Sie war im 19. Jahrhundert die große Hoffnung sowohl des klassischen Wirtschaftsliberalismus wie des Marxismus. Inzwischen ist sie längst als Utopie erkannt worden, der die Wandlungsgesetze unserer großorganisierten arbeitsteiligen Wirtschaftsgesellschaft zuwiderlaufen. Denn weder ist die atomistische Konkurrenz von machtlosen Kleinstbetrieben in einer Marktwirtschaft herstellbar, noch führt ein sich selbst überlassener Marktmechanismus zu bestmöglichen sozialen Ergebnissen. Aber ebenso wenig ist eine „klassenlose Gesellschaft" nach marxistischem Muster möglich, in der Entscheidungsmacht überflüssig wird oder deshalb nicht mißbraucht werden kann, weil alle Menschen fähig sind, jede mit Macht ausgestattete Funktion abwechselnd auszuüben. Aber wenn „Ordnung ohne Herrschaft" auch als Utopie erkannt werden muß, so kann sie doch insoweit Leitbild für die Umgestaltung unserer modernen Gesellschaft bleiben, als die Selbstkontrolle der Menschen, ihre Beteiligung an der Gestaltung der Lebens- und Arbeitsverhältnisse und an den Aufgaben der Koordinierung in allen gesellschaftlichen Bereichen aktiviert und die Befähigung der Menschen zu solchen Aufgaben sozialer Kooperation verbessert werden sollte, wo und wie es nur irgend möglich ist. Denn nur auf diese Weise läßt sich die individuelle Freiheit in einer Wirtschaftsgesellschaft erhalten, in der im Zuge des Spezialisierungsprozesses und technischen Fortschritts die Abhängigkeiten der Menschen voneinander und die existenzielle Notwendigkeit ausreichender Zusammenarbeit mit dem Schwierigkeitsgrad der Ordnungsaufgabe ständig wachsen.

Im Lichte solcher Überlegungen muß jedem, dem die Erhaltung individueller Freiheitsrechte am Herzen liegt, das Mitbestimmungsrecht als eines der bedeutungsvollsten gesellschaftlichen Experimente unseres Jahrhunderts erscheinen. Eine andere Frage ist allerdings, unter welchen Voraussetzungen und in welcher Hinsicht dieses Experiment funktionieren kann und ob diese Voraussetzungen gerade in unserer Zeit in ausreichendem Maße gegeben sein werden. Denn man darf nicht übersehen, daß der utopisch emotionalisierende Gehalt dieser Idee ein doppeltes Gesicht trägt: Insofern er Ansporn zum Engagement sein kann, fördert er die Möglichkeit des Gelingens; soweit er illusionärer Natur ist, kann er Vorwand für etwas ganz anderes und damit Ursache des totalen Scheiterns an sich selbst werden.

2. ... ist in der Gefahr des Scheiterns

Nun ist die Gefahr des Scheiterns bei der Mitbestimmung dadurch besonders groß geworden, daß die Entwicklung in unserer Bundesrepublik in den letzten 25 Jahren zunehmend an „das Märchen vom Fischer und seiner Frau" erinnert. Bei uns verhalten sich die verschiedenen gesellschaftlichen Gruppen wie die immer reicher werdende Frau im Märchen; sie wollen immer mehr und schließlich etwas, was alles bereits Erreichte wieder in Frage stellen kann. Und unsere politische und wirtschaftliche Führung verhält sich bisher überwiegend wie der Fischer, der wider besseres Wissen allen Forderungen doch schließlich nachgibt, um Ruhe im Haus zu haben und Anerkennung zu gewinnen.

Bei einer solchen Haltung besteht die Gefahr, daß die Mitbestimmung nicht als Mitverantwortung aufgefaßt, sondern nur als Recht verstanden wird, in noch stärkerem Umfang als bisher seinen persönlichen Vorteil wahrzunehmen, indem man es sich so bequem wie möglich macht. Vor einiger Zeit hat der jetzige Bundeskanzler Helmut Schmidt in bezug auf die Mitbestimmung gesagt: „Wer etwas verantworten will, muß auch die Chance erhalten, Fehler zu machen und an seinen Fehlern zu leiden!" Er wollte damit wohl zum Ausdruck bringen: Verantwortung tragen heißt auch, die Nachteile auf sich zu nehmen, welche Fehlentscheidungen mit sich bringen? – Wer will aber heute noch Nachteile auf sich nehmen? – Um übrigen ist es gerade die Eigentümlichkeit unserer arbeitsteiligen Gesellschaft, daß wir Menschen von unseren Fehlhandlungen nicht mehr in erster Linie selbst betroffen werden, sondern daß die Folgen überwiegend andere tragen.

Wenn z. B. in Unternehmungen und Behörden, in Kranken-häusern und Altersheimen, in Schulen und Hochschulen sich die Leistungen der dort Tätigen verringern oder verschlechtern, werden nicht in erster Linie diese selbst, sondern weit mehr diejenigen Bürger, welche die Leistungen dieser Einrichtungen direkt oder indirekt in Anspruch nehmen, geschädigt. Die Lebensqualität der einzelnen, um ein vor kurzem noch modisches Wort zu gebrauchen, hängt also weit weniger von der eigenen Leistungsfähigkeit und -willigkeit ab als vom Verhalten der Mitmenschen. Jeder bekommt den Freiheitsmißbrauch der anderen – wozu nicht nur der Machtmißbrauch der Stärkeren, sondern jede Art von Schmarotzertum zu rechnen ist – mehr oder weniger mittelbar zu spüren und kann selbst gewöhnlich wenig dagegen unternehmen. Deshalb lebt eine arbeitsteilige Gesellschaft davon, daß die Grenzmoral der Schmarotzer für diese selbst Nachteile zur Folge hat und nicht ständig noch prämiert wird. Andernfalls wird die Grenzmoral vorherrschend und leitet einen Zerfall der Gesellschaft ein. Freiheit versteht sich in einer arbeitsteiligen Gesellschaft wie der unseren nicht von selbst.

Aus diesem Grunde kommt keine Gruppe und keine Institution, die gesellschaftliche Funktionen zu erfüllen hat, ohne eine gewisse Kontrolle von oben oder von außen aus. Gerade das geht aber nicht auf dem Wege der Mitbestimmung, welche ihrem Sinne gemäß Selbstkontrolle oder gegenseitige Kontrolle der unmittelbar Beteiligten sein soll. Fremdkontrolle ist als Ergänzung unerläßlich. Sie wird heute jedoch allerorts von vornherein durch das Wort „Fremdbestimmung" diffamiert.

3. Unterschiedliche Gefährdungen

Die Gefahr, daß über das Recht der Mitbestimmung die Pflicht der Mitverantwortung vergessen wird, ist natürlich nicht in jedem Fall gleich groß. Man könnte darauf verweisen, daß heute in der Privatwirtschaft immer noch ein gewisser Zwang zur Mitverantwortung gegeben ist. Denn eine Unternehmung, die ihre gesellschaftlichen Produktions- und Leistungsfunktionen nicht erfüllt, geht früher oder später als Grenzproduzent, d. h. als der am teuersten Leistungen Bereitstellende, zugrunde; und ihre Belegschaft wird arbeitslos. Das macht die Mitbestimmung in den privaten Unternehmungen, die unter Kostendeckungs- und Rentabilitätszwang stehen, weniger problematisch als anderswo, etwa in Behörden, Schulen oder auch kommunalen Betrieben, wenn diese zum Nulltarif tendieren und dann unvermeidlich nicht auf Kostendeckung festgelegt sein können. Doch gilt dieser Vorzug der Privatwirtschaft nur in dem Umfang, in dem dort noch ernsthaft mit der Möglichkeit von Absatzschwierigkeiten und Arbeitslosigkeit gerechnet wird.

Gilt es erst einmal bei ständiger Überbeschäftigung und schleichender oder trabender Inflation als ziemlich sicher, daß innerbetriebliche Kostensteigerungen ohne Absatzrisiko auf die Preise abgewälzt werden können, und können die meisten, die arbeitslos werden, noch damit rechnen, ohne Schwierigkeiten einen anderen Arbeitsplatz zu finden, so hört auch in der Privatwirtschaft der Zwang zum verantwortungsvollen Handeln auf. Er muß durch Freiwilligkeit ersetzt werden, und die dafür erforderliche Einstellung der Beteiligten muß vorhanden sein.

Problematischer ist, wie gesagt, noch die Situation in öffentlichen Betrieben und Behörden, wo der Staat für auftretende Defizite aufkommt oder überhaupt keine Defizite erkennbar werden. Dort hat die Leitung keinen zwingenden Grund, einem kostensteigernden oder leistungsmindernden Mißbrauch der Mitbestimmung den eigentlich erforderlichen Widerstand entgegen zu setzen, sofern sie überhaupt noch die dafür erforderliche Entscheidungsmacht besitzt. Es ist nicht zufällig, daß z. B. in Italien manche gleiche Tätigkeit in Behörden und staatlichen Unternehmen sehr beträchtlich höher als in privaten entlohnt wird. Das hat allerdings dort nichts mit Mitbestimmung der Arbeitnehmer, sondern mit dem mangelhaften Widerstand der leitenden Instanzen zu tun. Doch kann man unter dem pseudomoralischen Druck einer antiautoritären Zeitstimmung immer weniger mit solchen Widerständen selbst dort rechnen, wo ausreichende Entscheidungsmacht noch vorhanden ist.

Hier wird deutlich, daß bei der gegenwärtigen Mitbestimmungsdiskussion unter dem Einfluß unserer allzusehr auf Selbstverwirklichung abgestellten anarchistischen Zeitströmung im Zuge machtpolitischer Polarisierungen das entscheidende Problem übersehen wird. Man vernachlässigt bei der Zusammensetzung der Aufsichtsräte, daß es nicht in erster Linie darum gehen sollte, wie es mit den Machtverhältnissen zwischen Arbeit und Kapital bestellt ist; das Wichtigste ist vielmehr, wer im Aufsichtsrat als „dritter Faktor" ausreichend das öffentliche Interesse wahrzunehmen hat. Durch einen solchen „dritten Faktor", der bisher durch den 11. Mann viel zu schwach vertreten war (wenn er überhaupt solche Funktion wahrnahm), müßte die notwendige Fremdkontrolle in die Mitbestimmung eingebaut sein, welche den Gedanken der Verantwortung für das Gemeinwohl ständig zu Gehör zu bringen hätte.

Auch dies hat allerdings eine Voraussetzung, nämlich die, daß man die für eine solche Funktion geeigneten Persönlichkeiten finden kann und sie auch verwendet. Auch das wird in einer Gesellschaft immer schwieriger (!), sobald die politischen Polarisierungen und eine dementsprechende Ideologisierung der Geister zunehmen.

4. Erfahrungen der Vergangenheit

Man könnte nun daran erinnern, daß wir in der Bundesrepublik seit über 20 Jahren Erfahrungen mit der Mitbestimmung gesammelt haben, die u. E. eher positiv als negativ bewertet werden müssen. Auf jeden Fall hat die Mitbestimmung Wachstum und Leistungsfähigkeit der Wirtschaft nicht sichtbar behindert. Das hat aber nicht daran gelegen, daß die Arbeitnehmer den Mitbestimmungfgedanken richtig als Mitverantwortung verstanden und auch praktiziert hätten. Leider ist ja die Diskussion um Mitbestimmung zwischen den Gewerkschaften und Arbeitgebern von Anfang an weit mehr als Machtkampf auf Abbau „autoritärer Herrschaft" als auf Mitverantwortung der Arbeitnehmer hin geführt worden.

Allzusehr empfanden viele Arbeitgeber die Mitbestimmung als Störungsfaktor für liebgewordene Gepflogenheiten eines veralteten Führungsstils. Sie bemühten sich daher nur unzulänglich und zu spät darum, von sich aus den Mitbestimmungsgedanken ins Konstruktive zu wenden, indem sie ihre Arbeitnehmer soweit wie möglich als Mitarbeiter auch in die Führungsaufgaben oder in deren Vorbereitung durch „Delegation der Verantwortung" (Harzburger Modell) mit einbezogen. Gerade an ihrem eigenen Arbeitsplatz ist das Interesse der Arbeitnehmer an Mitbestimmung als Mitverantwortung noch am leichtesten zu aktivieren.

Andererseits war es für die Gewerkschaften als die Hauptinitiatoren und Träger dieser Idee schwierig, die Arbeitnehmerschaft unter der euphorischen Wirkung der Wirtschaftswunderjahre für eine sachgerechte Ausnutzung der bereits institutionell gegebenen Möglichkeiten der Mitbestimmung zu interessieren. Die Mehrheit der Arbeitnehmer zeigte sich noch bis in die Gegenwart hinein (was Meinungsbefragungen immer wieder erkennen ließen) weit mehr an Beschäftigung, Lohnsteigerung und Preisstabilität als an Mitbestimmung interessiert. Blieb die Praxis der Mitbestimmung daher den Gewerkschaftsfunktionären überlassen, so hat sie zunächst nicht in schlechten Händen gelegen. Von einem Machtmißbrauch der dadurch zusätzlich gewonnenen Gewerkschaftsmacht konnte bisher jedenfalls keine Rede sein; wenn auch das neuerlich massive Pochen der Gewerkschaften, ihre Forderungen auf erweiterte Mitbestimmung auf Gedeih und Verderb durchsetzen zu wollen, für die Zukunft mehr als skeptisch stimmen muß.

Jedenfalls hat die Mitbestimmung in den fünfziger und sechziger Jahren viel besser funktioniert, als ihre Gegner vorausgesagt hatten. Das lag aber nicht zuletzt daran, daß die Mitbestimmungsinstanzen (z. B. gemischte Aufsichtsräte, Arbeitsdirektoren, Betriebsräte) weder durch übertriebenen Gruppenegoismus ihrer Belegschaft noch durch linke Ideologen irritiert wurden. Vielleicht darf man sogar vermuten, daß in den letzten beiden Jahrzehnten in der Bundesrepublik im Gegensatz zu anderen westlichen Ländern die Mitbestimmung dazu beitrug, Streiks zu vermindern. Doch ein größeres Verantwortungsgefühl in Gestalt eines sachgerechten Interessiert- und Beteiligtseins der Arbeitnehmer an dem inner- und überbetrieblichen Geschehen hat sich generell bisher nicht entwickeln können.

II. Die Wirkungen der anarchistischen Zeitströmung

Die Chance, daß so etwas wie ein verantwortungsbewußtes Beteiligtsein entsteht, hat sich auch durch das seit einigen Jahren viel berufene politische Engagement, das durch die sogenannte Jugend- und Intellektuellenrevolte in Gang gesetzt wurde, nicht verbessert. Im Gegenteil! Denn hier entwickelte sich kein echtes Sachinteresse an unseren mikro- und makrosozialen Problemen. Hier geht es vielmehr überwiegend um einen globalen Gleichheits- und Freiheitsfanatismus, der häufig mit der Aufforderung zur Leistungsverweigerung unvereinbare Ziele gleichzeitig anstrebt. Es geht also um ein ideologisches Engagement, das intellektuellen und halbintellektuellen Gruppen dazu dient, ihre Ressentiments loszuwerden und selbst Macht gewinnen zu können.

Und damit kommen wir auf die Zeitströmung zu sprechen, auf die Frage nach dem geistigen und moralischen Milieu, von dem u. E. in erster Linie abhängen wird, wie sich die Mitbestimmung in der Praxis auswirken muß. Die als Jugend- und Intellektuellenrevolte bezeichnete Zeiterscheinung, die allmählich eine Minderheit in allen Jahrgängen erfaßte, darüber hinaus immer mehr Mitläufer gewann und durchaus noch nicht – wie manche meinen – im Abflauen begriffen ist, sondern in entscheidenden gesellschaftlichen Bereichen erst jetzt voll zum Zuge kommt, diese Revolte ist bisher überwiegend mißverstanden worden. Was drückt sie aus? Worauf ist sie Reaktion? Was ist mit uns geschehen, daß es zu dieser Reaktion gekommen ist, die so tut, als befänden wir uns mit unseren sozialen Verhältnissen noch im 19. Jahrhundert?

1. Generationserlebnis statt Klassenlage

Vergleichen wir unsere gesellschaftliche Situation mit der des 19. Jahrhunderts, so läßt sich folgendes allgemein feststellen. Im vorigen Jahrhundert hatte die über Generationen noch ziemlich gleichbleibende Erlebniswelt großer sozialer Gruppen, die als Klassen bezeichnet wurden, dazu geführt, daß deren unterschiedliches Weltbild überwiegend aus der unterschiedlichen gesellschaftlichen Lage stammte. Demgegenüber hat sich heute die Identität von Klassenlage und Erlebnishorizont weitgehend verschoben. Vieles hat dazu beigetragen: Der Marxismus als Ersatzreligion ist für die Generation, die den Stalinismus miterlebt hat, entzaubert worden. Die Erinnerung mit bösem Gewissen an das „Dritte Reich" hat einen Individualismus und Liberalismus gefördert, der zum egalitären Libertinismus auszuarten beginnt. Die allgemeine Steigerung des privaten Lebensstandards und der damit verbundene Wetteifer um einen Prestigekonsum sowie die langjährige Sicherheit vor Arbeitslosigkeit haben ein sachorientiertes Interesse für Politik eher erlahmen lassen als angefeuert. Infolge des ständig steigenden Lebensstandards wird diese Steigerung allmählich als selbstverständlich angesehen, und in dieser Hinsicht wird alles für möglich gehalten. Die Auflösung der Klasseninteressen in Gruppeninteressen einer pluralistischen Gesellschaft, in der die Gruppen in die verschiedenartigsten Frontenstellungen geraten können und in der organisierte Gruppen von Arbeitnehmern nicht selten in einer stärkeren Position sind als ihre direkten und indirekten sozialen Gegenspieler, haben die alten Klassengegensätze weitgehend verwischt. Nur ein vager Gegensatz zwischen oben und unten ist übriggeblieben, der allerdings häufig zu sehr fragwürdigen Solidarisierungen führen kann. Und schließlich ist last not least die desorientierende Wirkung mancher Massenmedien zu nennen, die gerade dadurch besonders große Massenwirkungen erzielen, daß sie ihre Freiheit weniger zur Wahrheitsfindung als zur sensationellen Entstellung der Wirklichkeit benutzen. Alles dies hat die Erlebniswelt der verschiedenen Gruppen gerade durch ihre verwirrende Vielfältigkeit weitgehend angeglichen. Darüber gerieten selbst die großen Unterschiede in Einkommen und Vermögen aus dem Blickfeld; allerdings nur vorübergehend, denn es scheint in einer freiheitlichen Gesellschaft zwangsläufig zu sein, daß Einkommens- und Vermögensunterschiede um so mehr Ärgernis erregen und böses Gewissen schaffen, je höher schon der Massenkonsum angestiegen ist.

Andererseits haben das zunehmende Tempo der technischen und wirtschaftlichen Entwicklung und die dadurch hervorgerufenen raschen Veränderungen der sozialen Umwelt zu größeren Unterschieden zwischen den Erlebniswelten der Generationen geführt. Die Folge ist, daß mit dem Lebensstil auch die Beurteilung sozialer und politischer Fragen durch fünfzig- bis sechzigjährige Arbeiter, Unternehmer und Beamte weit mehr einander ähnelt als der Beurteilung durch ihre fünfundzwanzig bis dreißig Jahre jüngeren Kinder. Dieses ist wohl der Hauptgrund für jenes Phänomen, das man überspitzt als „Klassenkampf der Generationen" bezeichnet hat.

Dafür aufschlußreich ist die Feststellung, daß die linksintellektuelle Gesellschaftskritik mit explosionsartiger Stärke zunächst von der Studentenrevolte in die Öffentlichkeit gebracht und in erster Linie von Twens und Teenagern getragen wurde, die überwiegend entweder aus reichen Elternhäusern stammten oder Akademikerkinder waren. Die gesellschaftliche Erfahrung dieser Kritiker war nicht aus der praktischen Berufs- und Arbeitswelt gewonnen, sondern aus dem, was die jungen Menschen im Elternhaus erlebt und was sie, gelenkt von den aus diesen Erlebnissen entstandenen Voreingenommenheiten, sich dann an den Hochschulen anlasen und zurechtdachten. Erfahren hatten sie in ihren Elternhäusern den wachsenden Wohlstand der fünfziger und sechziger Jahre. Not war ihnen etwas Unbekanntes. Zum Leben der Familie brauchten sie meist nicht einmal Hilfeleistungen beizutragen. Dafür erlebten sie ein allzu starkes Fixiertsein der Eltern an berufliche Karriere und Prestigekonsum, meist verbunden mit Zeitmangel für ausreichende Fürsorge und entwicklungsnotwendige tägliche intensive Kontakte mit den Kindern. Ging durch solchen Liebesentzug der Einfluß auf die Kinder schon früh verloren, so wurde nicht selten versucht, die Unterlassungssünden entweder mit autoritären Disziplinierungsversuchen, die in unserer Zeit bald ihre Wirksamkeit einbüßten, oder durch ein materielles Verwöhnen zu kompensieren, indem man im letzteren Fall aus bösem Gewissen jeden materiellen Wunsch der Kinder nach Möglichkeit erfüllte.

Auf diese Weise wurde in der Jugend ein kontaktarmer, aber gleichzeitig kontakthungriger Typus vorherrschend, der, egozentrisch geltungsbedürftig und verwöhnt, nie gefordert worden war und der zu seinem Playboy-Dasein ein ambivalentes, wenn nicht gar feindliches Verhältnis hatte, jedoch sich ohne emotionalisierende Anlässe nur schwer zu Aktivitäten aufraffen konnte. Es ist leicht zu begreifen, daß dieser Typ, sei es in der Ausbildung oder in der Berufstätigkeit, systematische Arbeit und disziplinierte Pflichterfüllung, die bald zur Routine wird, ablehnt und sich nur zu Anstrengungen aufzuschwingen bereit ist, wenn es um die emotionalisierende Kritik oder Umwälzung des Bestehenden durch besondere Aktionen geht. Dieser Typus stellt auch in der intellektuellen Jugend zwar nur eine Minderheit dar; er mußte aber schon darum vorherrschend werden, weil die fehlerhafte Reaktion des Establishment auf die Jugendrevolte die Berechtigung der rebellischen Haltung zu bestätigen schien.

2. Mangelndes Verständnis sozialer Zusammenhänge

Mindestens ebenso wichtig ist aber noch etwas anderes geworden. Die mangelnde politische Allgemeinbildung und Erziehung und mit ihnen die fast völlig fehlenden Kenntnisse von den immer unübersichtlicher werdenden sozialen und wirtschaftlichen Zusammenhängen haben zu einer wachsenden Unsicherheit bei der älteren Generation geführt. Dies gilt auch und vielleicht besonders für wirtschaftliche und politische Führungsgruppen. Gleichzeitig ist unsere traditionsfeindlicher werdende Gesellschaft immer stärker auf einen modischen Progressivismus eingeschworen, der jede Veränderung gleich

Fortschritt setzt, ohne übersehen zu können oder zu wollen, welche Folgewirkungen die jeweiligen Veränderungen haben. So wird unsere pluralistische Gesellschaft permissiv, weil alles erlaubt oder alles möglich zu sein scheint. Darüber verlieren immer mehr Menschen jenen common sense, der sie intuitiv unterscheiden läßt, was für ihre Existenz fortschrittlich oder schlechthin lebensgefährlich ist.

Nicht zufällig werden von diesem Verlust eines „inneren Kompasses" besonders Menschen mit einseitiger intellektueller Bildung betroffen, also nicht selten auch solche, denen Führungsaufgaben zufallen. Die berufliche Spezialisierung tut ein übriges. Wenn einseitig Intellekt trainiert wird, dann entwickelt sich ein Typus mit Urteils- und Entscheidungsmängeln bei praktischen Fragen des menschlichen Zusammenlebens. Wunsch- und Angstdenken pflegen sich dann mit logischem Argumentationsvermögen zu einem destruktiv kritischen Räsonieren zu verbinden. Gerade dieser Typus muß auch bei der Erziehung seiner Kinder versagen.

Kein Wunder, daß es Intellektuellen und Halbintellektuellen der jüngeren Generation nicht besser geht, vor allem, wenn sie aus solchen kompaßlosen intellektuellen Elternhäusern stammen. Doch hindert das selbstverständlich nicht eine lautstarke Minderheit von ihr, gelegentlich bis zum Exzeß urteilsbereit zu sein. Dazu wird sie durch die Reaktionsunsicherheit der Alten geradezu legitimiert, vor allem aber auch dadurch, daß sich in unserer auf Genuß und Ausleben gerichteten, Altwerden und Tod nicht zur Kenntnis nehmenden Konsumgesellschaft eine Überbewertung des Jugendlichen schlechthin durchgesetzt hat. Wo die alten Jahrgänge am liebsten noch Teenager sein möchten, können auch die Jungen keinen Ehrgeiz mehr entwickeln, erwachsen zu werden, d. h., Verantwortung mit ihren praktischen, nicht immer angenehmen Konsequenzen zu übernehmen.

Als 1967 in der Bundesrepublik mit den Studentenunruhen eine anarchistische Revolte begann, traf sie auf ein konzeptloses politisches Establishment, dem leicht einzureden war, daß sich die ungelösten Probleme am besten durch weitere Demokratisierung der Entscheidungen lösen ließen, wurden die Führungsgremien auf diese Weise doch aller Verantwortung enthoben. Sie brauchten sich nur erneut anzupassen und konnten damit ihr demokratisches Gewissen vor sich und der Welt unter Beweis stellen. Die Frage ist nur, wohin muß die Demokratisierung einer Gesellschaft führen, solange sie eben nicht aus mündigen Bürgern, sondern aus Egozentrikern besteht, zumal diese Welt inzwischen so kompliziert geworden ist, daß zielgerechte Entscheidungen nur durch durchsetzungsfähige politische Instanzen mit Hilfe von Expertenteams und nicht durch spontane Bürgerinitiativen getroffen werden können.

Auf diese Weise kam es – wie übrigens von Marx verkündet – zum ,,Absterben des Staates", nur daß die Verwaltung aller durch alle, die an die Stelle des Obrigkeitsstaates hätte treten müssen, nirgends funktionieren will und daher nicht zu einer ,,klassenlosen Gesellschaft", sondern zu sozialem Chaos und zur Herrschaft von neuen Minderheiten mit oder ohne Terror zu führen scheint, d. h. zu einer Gesellschaft, deren Mitglieder ihre Freiheit als Berechtigung zu einem beliebigen Verhalten, nicht aber als Handeln aus der Einsicht in das gesellschaftlich Notwendige verstehen. So ist aus der wirtschaftsliberalistischen Freiheitseuphorie der fünfziger Jahre, die bereits den Staat diffamierte, ein linker, den heutigen Staat und die Marktwirtschaft gleichzeitig ablehnender Anarchismus erwachsen, der zunächst weniger unmittelbar die Wirtschaft als den ,,geistigen Überbau", d. h. in unserem Fall Kunst und Literatur, Wissenschaft und Bildung betroffen hat und von dort aus langsam, aber sicher auch in das übrige öffentliche Leben, also in öffentliche Verwaltung und Gerichtswesen und schließlich in den ökonomischen Unterbau einsickert.

3. Koalition von Ideologen, Faulen und Anspruchsvollen

Die zerstörerische Wirkung der in diesen Bereichen des geistigen Überbaus propagierten und neuen Wertewelt stammt aus der Forderung nach Maximierung der individuellen Freiheit und Gleichheit. Im ökonomischen Bereich liefert das Leitbild von der Antileistungsgesellschaft bei gleichzeitiger Maximierung individueller Ansprüche an Staat und Wirtschaft dafür das Beispiel. Nicht zufällig hat die Führung der Jungsozialisten nach der Regierungserklärung Willy Brandts 1973 am schärfsten gegen das Bekenntnis des damaligen Bundeskanzlers zur Leistungsgesellschaft protestiert. Denn ihre Chance, an die Macht zu kommen, liegt in der Möglichkeit, vor allem unerfahrene Jahrgänge glauben zu machen, daß es auf konkrete Leistungen nicht mehr ankomme, daß es nur noch darum ginge, durch mehr Mitbestimmung die alten Autoritäten als Kontrollorgane abzubauen und es sich bequem zu machen, ohne daß dies Konsequenzen für den künftigen Lebensstandard aller Beteiligten und die Bewältigung öffentlicher Aufgaben haben würde.

Gleichzeitig werden alle zur Solidarität mit allen sozial Schwachen und in Abhängigkeit Befindlichen verpflichtet sowie zur Kritik an allen Unzulänglichkeiten dieser Welt, ob nun im nationalen oder internationalen Bereich. Wir erinnern uns noch gut an die letzten Jahre der Weimarer Republik. Was sich schon damals bemerkbar machte, tritt bei uns heute mit noch viel größerer Penetranz in Erscheinung. Die öffentliche Aufmerksamkeit, ständig aufgestört durch das neurotisch destruktive Engagement linker Intellektueller, konzentriert sich immer stärker auf soziale und asoziale Randgruppen. Das nimmt sowohl geistig-psychische als auch finanzielle Energien in Anspruch, die dann fehlen, um das wirklich Notwendige für den Zusammenhalt und für die Leistungsfähigkeit unserer Gesellschaft zu tun.

Wenn man seit 1967 in wachsendem Maße geneigt ist, emotionales Engagement solcher Minderheiten als ausreichenden Ersatz für sachgerechtes Engagement von Mehrheiten zu halten, so wird man weder jener Minderheit gerecht, die lautstark anarchistische Ansprüche erhebt, noch der destruktiven Wirkung solcher Forderungen auf die schweigende unpolitische Mehrheit. Denn jene kritische Minderheit pflegt die Pflicht, eine Verantwortlichkeit für alles zu übernehmen, mit dem

Recht zu verbinden, sich im persönlichen Bereich den Pflichten und der Beachtung geltender Spielregeln um jener höheren kritischen Verantwortung willen entziehen zu dürfen. Dies kann dann jeder nach eigenem Gutdünken, nach eigener Bequemlichkeit und Neigung auslegen. Auf diese Weise müssen aber alle Verantwortlichkeiten verschwinden oder sich verwischen, und es bietet sich die Koalition zwischen den radikalen Ideologen und den unpolitischen Faulen und Anspruchsvollen an, was keiner Gesellschaft bekömmlich ist.

4. Antidemokratische Unterwanderung

Bei der Orientierungslosigkeit und dem Passivismus der „schweigenden Mehrheit" muß die Intensivierung der Mitbestimmung und ihre Erweiterung auf alle Schulen, Behörden, Unternehmungen, Parteien und Verbände dazu führen, daß die Ordnungs- und Entscheidungsprozesse immer unübersichtlicher verlaufen und daß eine total demokratisierte Gesellschaft nun ein leicht zugängliches Aktionsfeld für autoritär und zentralistisch geführte Organisationen und Bünde werden kann. Es wäre denkbar, daß solche Organisationen durch ihre gezielt und arbeitsteilig eingesetzten Mitglieder dominierenden Einfluß – gewissermaßen als Staat im Staate – auf alle Institutionen gewinnen und das um so mehr, je weniger Interesse die übrigen Beteiligten an der Wahrnehmung ihrer Mitbestimmungsrechte zeigen und je uneiniger sie untereinander sind. Diese Uneinigkeit, die in erster Linie aus einer totalen Verunsicherung im Urteil stammt, ist u. E. der Hauptgrund dafür, weshalb eine verschwindend kleine anarchistische Minderheit neurotischer Charaktere das geistige Klima unserer Gesellschaft innerhalb weniger Jahre total umstimmen konnte.

Das Beispiel der Hochschulen und der „Marsch durch die Institutionen" der Parteien der sozialliberalen Koalition und der Gewerkschaften haben es gelehrt. Auf diese Weise könnten Minderheiten ihre totale Machtergreifung von unten vorbereiten. Dabei werden zunächst Minderheiten mit linksfaschistischem Habitus so lange die größeren Erfolgsaussichten haben, als sie das zu entthronende Establishment noch mit antifaschistischen Diffamierungen treffen und lähmen können. Sobald aber die ehemaligen Hitlerjungen aus den Führungsgruppen verschwunden sind, hätte auch ein Rechtsfaschismus wieder seine Chancen. Beides brächte dann, früher oder später, das Ende unserer Demokratie schon deshalb, weil inzwischen so viel Neuordnung existenznotwendig sein würde, daß es nicht mehr möglich wäre, sie auf der Grundlage einer demokratisch gewonnenen Übereinstimmung durchzusetzen.

Ein Machtmißbrauch aller durch alle ist durchaus möglich, und wir haben ihn bereits weitgehend unter uns, wenn der Playboy zum Leitbild des Verhaltens wird und niemand mehr Verpflichtungen verantwortlich übernehmen will und kann, sondern nur noch an der Wahrnehmung seiner Rechte und der Durchsetzung neuer Ansprüche interessiert sein muß, will er nicht zwischen die Mahlsteine des Kampfes aller gegen alle geraten. Sollte sich aber ein solcher verantwortungsloser Kampf als eine unvermeidliche Begleiterscheinung der angestrebten egalitären Zukunftsgesellschaft herausstellen, so müßte sich diese Alternative gegenüber früheren hierarchischen Gesellschaften als das weitaus größere Übel erweisen; denn in einer anarchistischen Gesellschaft wären weit mehr als in jeder anderen Möglichkeiten zu Manipulation und Machtmißbrauch aus dem Hinterhalt möglich.

5. Leistungsfeindliche Solidarisierung der Schwachen

Daß es sich bei der anarchistischen Zeitströmung von heute um einen destruktiven Irrationalismus gegen praktisch zu bewältigende gesellschaftliche und wirtschaftliche Probleme und nicht um konstruktiv rationale Auseinandersetzungen handelt, ergibt sich aus der Diffamierung von Leistung und Leistungsgesellschaft. Daß Staat und Wirtschaft in ihren Leistungen z.T. auf fragwürdige Ziele ausgerichtet waren und sind, ist eine Sache, die sicherlich der Erörterung und Korrektur bedarf. Zum status quo ante der „Sozialen Marktwirtschaft" von anno dazumal sollten wir bestimmt nicht mehr zurückkehren wollen. Daß aber gerade die erforderlichen Korrekturen vom einzelnen wie von der Gesamtheit und von der Funktionsfähigkeit unserer Ordnung weit eher mehr als weniger Leistung verlangen müssen (will sagen: mehr Anstrengung, mehr Disziplin, mehr Fähigkeit zur Übereinstimmung, aber sicherlich am allerwenigsten mehr Bereitschaft zum Konflikt um des Konfliktes oder des eigenen Vorteils willen), das sollte auch denjenigen ohne weiteres plausibel sein, die wenig von den Zusammenhängen unserer arbeitsteiligen Wirtschaftsgesellschaft verstehen.

Infolge dieser irrationalen Reaktionsweise bekommt nun auch die Mitbestimmung eine problematisch leistungsfeindliche Schlagseite. Da der Gruppensolidarismus heute fast ausschließlich auf einen vagen Solidarismus „mit unten" und „gegen oben" hinausläuft, kommt es zu neuartigen Pseudoklassenkampfsituationen und in Verbindung mit ihnen zu einem neuen pervertierten Leistungsmaßstab.

Leistung wird dann gemessen an der Solidarisierungsbereitschaft und am Solidarisierungseffekt, wozu kaum differenzierte individuelle Fähigkeiten erforderlich sind. Im Gegenteil! Da dieser Solidarismus mit der Leistungsschwäche der einzelnen Gruppenmitglieder wächst (denn je leistungsschwächer ich bin, desto stärker bin ich auf Solidarisierung angewiesen und also auch zur Solidarisierung bereit), kommt hier ein Prozeß in Gang, der für die Leistungs- und Funktionsfähigkeit unserer Gesellschaft nur abträglich sein kann.

Dieser Prozeß wird begleitet von einer bezeichnend einseitigen Diffamierung von Macht und Machtmißbrauch. Existenz und Einsatz von Macht werden nicht mehr, wie es sich für eine funktionsfähige Gesellschaft gehört, dort für berechtigt gehalten, wo gesellschaftliche Funktionen wahrzunehmen sind, und dort für unberechtigt angesehen, wo sie für solche Funktionen bedeutungslos sind oder gar deren Wahrnehmung verhindern. Entscheidend ist heute allein, ob Macht für meist nur kurzfristig gesehene Interessen schwacher Gruppen verwendet bzw. ob sie gegen alte Ordnungsmächte eingesetzt wird. Nur dann ist sie berechtigt. So wird aus Angst oder Abscheu vor der Macht der alten Machthaber die Gestaltungsmacht immer weiter abgebaut und die Freiheit der scheinbar Ohnmächtigen und daher Verantwortungslosen zu einer verantwortungslosen Gesellschaft ausgeweitet, zu einer Gesellschaft, in der infolge ihrer Vollbeschäftigung mit Gruppenkämpfen nicht mehr existenzwichtige Entscheidungen getroffen werden können und in der auf die notwendige Leistungs- und Funktionserfüllung niemand mehr besteht. ·

Für solche gegen jede Kontrolle gerichteten Solidarisierungen aus Bequemlichkeit nimmt die Anfälligkeit auch bei älteren Jahrgängen der schweigenden Mehrheit zu. Anarchistische Theorien entsprechen heute nicht nur dem Oppositionsgeist von Teenagern und sich links gebenden Intellektuellen, sondern zunehmend auch den Freiheits- und Bequemlichkeitsvorstellungen übersättigter Wohlstandsbürger. Wenn nichts geschieht, um immer von neuem ihre Absurdität plastisch zu verdeutlichen, haben sie durchaus Chancen, durch ständiges Wiederholen auch bei älteren Jahrgängen anzukommen. Gerade Menschen einer saturierten Gesellschaft, die selbst an individuelle Einkommens- und Freiheitsmaximierung im kleinen gewöhnt sind, nehmen es übel, daß mit dem Wachstum der Wirtschaft ihr persönliches Wohlergehen davon abhängig wird, ob private Unternehmungen und ihre Inhaber genügend Profit machen und weit mehr Reichtümer anhäufen können als ihnen, den Kritikern selbst, möglich ist. Gerade sie werden dann neidisch und damit anfällig für ein neues „Opium des Volkes".

Das Argument, die „kapitalistischen" Wirtschaftssysteme des Westens hätten bei allen Vermögensunterschieden auch den unteren Einkommensschichten bisher immer noch den vergleichsweise höchsten Lebensstandard ermöglicht, klingt dann nur noch nach billigen Rechtfertigungsversuchen der Begüterten, ganz besonders, wenn dem Staat Hunderte von Milliarden fehlen, um dem notwendigen Nachholbedarf an öffentlichen Investitionen entsprechen zu können, und wenn dafür auch die ärmeren Schichten früher oder später herangezogen werden müssen. Um die politische Propagierung eines zusätzlichen vermögenswirksamen Einkommens für die breite Masse unter den Schlagworten „Volkskapitalismus" oder „Vermögensbildung in Arbeitnehmerhand" steht es nicht besser; denn es kann auf die Dauer nicht verheimlicht werden, daß es sich hier doch nur um „Tropfen auf heiße Steine der Begehrlichkeit" handeln und praktisch für die wirtschaftliche Lage der unteren Einkommensschichten nur von drittrangiger Bedeutung sein kann.

Wie aufnahmebereit die Mentalität der Wirtschaftsbürger für klassenkämpferische Versprechungen geworden ist, läßt sich an der Reaktion auf solche Behauptungen überprüfen wie: Man würde genug Geld zur Finanzierung aller Reformen haben, wenn man nur den Reichen das Vermögen wegnähme. Oder: Man könne die Beseitigung der Umweltverschmutzung allein der Industrie aufbürden, ohne daß dadurch der Lebensstandard der Bevölkerung über Preis- oder Steuererhöhungen in Mitleidenschaft gezogen werden müßte. Oder: Man könne auch bei stagnierendem Wirtschaftswachstum Löhne und Gehälter wie früher weiter erhöhen, eine irreale Annahme, nach der die Gewerkschaften bereits seit einiger Zeit Lohnpolitik betreiben.

Schon in den vierziger Jahren hat Joseph A. Schumpeter darauf aufmerksam gemacht, daß die größte Gefahr, die demokratischen kapitalistischen Gesellschaften des Westens droht, von dem Autoritätsverlust ihrer politischen und wirtschaftlichen Führung herrührt. Selbst in einer betont unheroischen Zeit wie der unseren, schafft Reichtumsanhäufung kein Ansehen, das Belastungen verträgt. Und Politikern, die allzu häufig darauf aus sind, ihren Wählern zum Munde zu reden, um sich ihre Posten zu sichern und nebenbei noch bemüht sind, sich zusätzlich wirtschaftliche Pfründen zu verschaffen, geht es nicht besser. Sie bringen sich selbst und „ihr System", das sie vertreten, in Verruf und geraten verstärkt unter Beschuß jener Intellektuellen, die inzwischen kritische Dialektik als wirkungsvolles Machtmittel erkannt haben. In der Gesellschaft geschieht dasselbe wie im intellektuellen und begüterten Elternhaus. Die

Unfähigkeit der Etablierten und der Eltern, ihre Führungs- und Erziehungsaufgabe zu erfüllen, bringt die Rebellion mit sich, ohne daß die „Rebellen ohne Programm" (Kennan) und Kompaß selbst einen konstruktiven Ausweg wissen.

6. „Moralzehrer" Marktwirtschaft

Schwindender Gemeinsinn, geringes politisches Sachinteresse und mangelndes soziales Realitätsbewußtsein sind darum die Folgen einer allgemeinen Kommerzialisierung des öffentlichen Lebens, weil die private partielle Denkweise, zu welcher die kommerzialistisch betriebene Marktwirtschaft verführt, dann auch in jene Bereiche vordringt, denen gesellschaftlich wichtige Informations- und Entscheidungsfunktionen zufallen. Wo in einer Gesellschaft Normen zu setzen sind und ihre Einhaltung ständiger Kontrolle bedarf, dort klappt es nicht über „Angebot und Nachfrage" und mit Einkommenssteigerung als Verhaltensmaxime. Das gilt vor allem für Politik, Massenmedien, Bildung, Literatur und Wissenschaft. Im wirtschaftlichen Bereich hat sich die kommerzielle Methode bisher noch immer als der erfolgreichste Weg zur Deckung privaten Bedarfs erwiesen, auf jeden Fall, solange der Staat ausreichende Autorität besitzt, Unzulänglichkeiten marktwirtschaftlicher Steuerung auszugleichen. Entgegen der Marxschen Theorie droht dem kapitalistischen System – wie Schumpeter schon vor mehr als 30 Jahren dargelegt hat – ernsthafte Gefahr nicht unmittelbar aus dem wirtschaftlichen Bereich, sondern aus seinen Saturiertheit schaffenden Erfolgen und vor allem aus dem geistigen Überbau.

Selbst die Einseitigkeiten in der privaten Einkommensverteilung, sofern sie wirklich dem Marktmechanismus und nicht der unzulänglichen staatlichen Einkommenspolitik, insbesondere dem Steuersystem zur Last zu legen sind, waren als Schönheitsfehler einer marktwirtschaftlichen Ordnung erträglich, wenn nicht von ihnen gerade bei steigendem privaten Wohlstand bedenkliche sozialpsychologische Wirkungen ausgehen würden. Auch in unserer modernen außengeleiteten

Wirtschaftsgesellschaft, die nicht mehr von einer einheitlichen Weltanschauung durchdrungen ist, sondern sich zu einem diffusen Pluralismus bekennt, bestimmen – wie in jeder Gesellschaft – Eliten, d. h. beispielgebende Minderheiten, den Lebensstil und prägen durch ihr Verhalten das Verhalten der Massen. In einer egalitären Konsumgesellschaft wie der unseren waren dies bisher die Konsum- und Einkommenseliten. Sie geben das Beispiel, dem die unteren Einkommensschichten nacheifern. Die Suggestivwerbung tut das übrige. Und mit den Wünschen wachsen neidvolle Ansprüche. Kein Zweifel, die Zeit des asketischen Kapitalismus ist längst vorbei. Das demoralisierende Playboy-Vorbild der dolce vita und des dolce far niente ist von den bürgerlichen Schichten geliefert worden und wird immer von neuem und noch wirkungsvoller von den Massenmedien, von Film, Fernsehen und von Illustrierten nachgeliefert. Die Folgen sind unvermeidlich.

7. Antikapitalistischer Sozialismus ist keine Lösung

Doch wäre es sicherlich falsch, wozu auch manche ideologisch fixierten Mitbestimmungsmaximierer zu neigen scheinen, heute daraus die Folgerung zu ziehen, eine simple Rückkehr zum antikapitalistischen Ordnungsbild des klassischen Sozialismus (sprich: Marxismus) selbst in seiner staatsautoritären Variante würde uns aus diesem Dilemma helfen. Wenn dadurch der geistige und soziale Zerfall wirklich gestoppt werden könnte, würden andere Barbarismen die Folge sein. An der Höhe der Masseneinkommen würde dadurch auf jeden Fall nichts verbessert werden. Denn nach der Vergesellschaftung der Produktionsmittel stünde ja nicht das gesamte Einkommen der „Kapitalisten" den Arbeitnehmern zusätzlich für den Konsum zur Verfügung, sondern allenfalls das, was die „Kapitalisten" sonst selbst konsumiert hätten. An ihrer Stelle müßten nun Staat und Kommunen das sparen, wozu die Arbeitnehmerschaft von sich aus nicht bereit wäre. Nach wie vor müßten überdies gewisse Einkommensunterschiede als Leistungsanreiz und Lenkungsmittel erhalten bleiben; sonst bestünde die Gefahr, daß bei allzu stark nivellierter Einkommensverteilung der bereits angeschlagene Leistungswille noch weiter schwinden würde.

Gerade für vergesellschaftete Unternehmen würde das gelten, was oben über öffentliche Unternehmen und Behörden gesagt wurde. Der Zwang zur Mitverantwortung für das gemeinsame Leistungsergebnis würde dort wegfallen. Man trifft heute besonders bei jüngeren Jahrgängen nicht selten auf die merkwürdige und für unseren Zeitgeist bezeichnende Meinung, daß Leistungswille und -fähigkeit dann von selbst wieder anwachsen würden, wenn nur erst die Vermögens- und Einkommensunterschiede radikal beseitigt würden. Eine solche Ansicht scheint uns in erster Linie auf neiderfüllter Selbsttäuschung zu beruhen. Sicherlich können allzu schroffe Einkommensunterschiede, denen keine Leistungsunterschiede annähernd entsprechen, dem Leistungswillen abträglich sein, weil sie allzu sehr den Kampf um die Einkommensverteilung aktivieren und Aufmerksamkeit und Energien von der eigenen Funktionserfüllung ablenken. Es kann u. E. aber kein Zweifel darüber bestehen, daß eine Einkommensnivellierung, wie sie heute bereits bei uns um sich greift, die den Faulen und Leistungsunwilligen mit dem gleichen Lebensstandard bedenkt wie denjenigen, der sein Bestmögliches tut, noch problematischer für die Existenzbedingungen einer Gesellschaft werden muß, zumal wenn die Staats- und Wirtschaftsbürger wie bei uns höchst unzureichende Vorstellungen von den Voraussetzungen ihres Wohlstandes haben. Es wäre niemandem damit gedient, wenn zwar egaler verteilt würde, aber nun alle oder doch die meisten weniger als zuvor hätten; es sei denn, man ist der Meinung, wir Menschen bedürften immer erst der Not, um eines Besseren belehrt zu werden.

III. Die Gewerkschaften in der Zeitströmung

Selbstverständlich sind auch die Gewerkschaften von dieser Entwicklung des Zeitgeistes nicht unberührt geblieben. Alles, was wir über Führungsschwäche und ideologische Unterwanderung angedeutet haben, gilt auch für sie und vielleicht besonders für sie. So wie sie in den fünfziger Jahren in den marktwirtschaftlichen Sog gerieten und nicht umhin konnten, sich von dem unwiderstehlichen Hang zur Steigerung des privaten Massenkonsums erfassen zu lassen, so ist es nunmehr die linksintellektuelle Zeitströmung, die sie auf Klassenkampf und Systemwandel zutreibt.

Wenn auch die Gewerkschaften schon in den fünfziger Jahren zu gesellschaftspolitischen Fragen mit sozialistischen Vorzeichen ihre Stimme erhoben, ließen sie sich damals in der praktisch wirksamen Politik immer mehr vom Zeitgeist der Erhardianischen Wirtschaftswunderjahre einfangen. Allzu einseitig waren sie in ihren Aktivitäten auf Steigerung von Löhnen und auf Arbeitszeitverkürzung festgelegt. Irritiert durch die Erinnerungen an die Weimarer Zeit und durch ihre eigene praktische Hilflosigkeit gegenüber der als restaurativ empfundenen Wirtschaftsentwicklung, entstand nichtsdestoweniger bei den Gewerkschaften von Anfang an ein „Unbehagen an der Demokratie", so wie diese sich ihnen in unserer Bundesrepublik darzustellen schien. Schon 1956 mußte der Verfasser deshalb feststellen: „Viele Gewerkschaftler können keine positive Einstellung zu unserer demokratischen Wirklichkeit gewinnen, die in ihren Augen nur eine formal-liberale, bürgerliche Demokratie ist, Ausgangspunkt und Grundlage eines allumfassenden kapitalistischen Restaurationsprozesses, der nach ihrer Meinung den Massen das Eigentliche schuldig bleibt: Sicherheit, gerechte Einkommensverteilung und freiheitliche Mitbestimmung bei der Gestaltung der Arbeitsverhältnisse." Gerade wenn die Gewerkschaften aber mehr als Interessenvertretung von Arbeitnehmergruppen sein, wenn sie sich zum Sachwalter des Gemeinwohls machen und auch auf den Gebieten der allgemeinen Gesellschafts- und Wirtschaftspolitik mitreden wollten, weil die dafür zuständigen politischen Instanzen offenbar versagten, hätten sie sachlich nur überzeugen können, wenn sie nicht bloß von anderen Opfer und Einsicht verlangten, sondern sich dazu auch selbst bereit gefunden und praktikable Vorschläge gemacht hätten. Das von ihnen gepflegte unverbindliche soziale Pathos erwies sich dabei ebenso gefährlich verführerisch wie pauschale Verdächtigungen, die – bei unseren Gewerkschaften notorisch – eine „Gefahr von rechts" an die Wand malten. Da solche Kritik immer allzu unkonkretisiert blieb, bot sie eine willkommene Möglichkeit, dem eigentlichen Dilemma unserer pluralistischen Gesellschaft auszuweichen. Dieses Dilemma lag schon ziemlich früh in den Zielkonflikten, unter denen unsere Demokratie in wachsendem Umfang zu leiden begann. Von ihnen nahmen die Gewerkschaften keine Kenntnis, wenn sie auf jedem ihrer Kongresse ihr Bukett von Forderungen (z.B. in Sachen der Bildungs-, Sozial-, Vermögens-, Lohn-, Arbeitszeitpolitik und Entwicklungshilfe) präsentierten. Von der einzig möglichen Lösung, nämlich Prioritäten für die einzelnen Ziele zu setzen, war so gut wie überhaupt nie die Rede. Selbst nachdem auf Veranlassung des Verfassers der DGB 1965 auf dem internationalen Forum des „Europäischen Gesprächs" in Recklinghausen das Thema der öffentlichen und privaten Einkommensverteilung und Bedarfsbildung ausgiebig hatte diskutieren lassen, begriffen die Gewerkschaften noch lange nicht, daß eine expansive Lohnpolitik mit dem Ziel der Maximierung des privaten Massenkonsums eigentlich nicht mehr zeitgemäß sein konnte. So leisteten sie ähnlich wie die Regierungs- und Oppositionsparteien ihren Beitrag zur Entwicklung unserer Gefälligkeitsdemokratie und Anspruchsgesellschaft, vermehrten ihr eigenes Unbehagen aus bösem Gewissen und machten sich anfällig für eine linksintellektuelle antikapitalistische Kritik.

Es ist daher nicht zufällig, daß sich heute im Gewerkschaftslager die Gewerkschaft Erziehung und Wissenschaft (GEW) an die Spitze dieser ideologischen Kritik gesetzt hat und daß die anderen Gewerkschaften, neuerdings z.B. die Gewerkschaft Druck und Papier, den Aktivitäten ihrer intellektuellen Schwestergesellschaft, die nicht selten eine kommunistische Schlagseite zeigte, nachzueifern suchen. Doch kommt dies linksintellektuelle, häufig neomarxistische Engagement wiederum über eine unfruchtbare antiautoritäre Haltung gegenüber dem Sozialpartner und dem Staat selten hinaus. Mit den unrealistischen Leitbildern von der Bildungs- und Antileistungsgesellschaft hat zunächst die GEW gleichzeitig Ansprüche stimuliert und Leistungsbereitschaft diffamiert. Dadurch wird schon heute in den Schulen die Neigung zu wilden Streiks vorbereitet. Man sehe sich die neomarxistischen und von libertinen egalitärem Geist erfüllten Lehrunterlagen nicht nur für den Gemeinschaftskundeunterricht einmal an, die selbst unter Kultusministern der CDU zugelassen wurden. Um wieviel stärker werden die destruktiven Folgen einmal sein, wenn unsere verfehlten Bildungsreformen ein überzähliges Akademikerproletariat geschaffen haben sollten, ein Akademikerproletariat, das sich dann durch politische Radikalisierung für die persönliche Fehlleistung rächt.

Aus vielen Gesprächen, die wir mit Praktikern aus der Front der Sozialarbeit im Betrieb führen konnten, ist uns sehr wohl bekannt, wie hart der Kampf ist, den dort Gewerkschaftsfunktionäre und Betriebsräte heute gegen Radikale führen müssen. Da aber anarchistische und kommunistische Linksprogressive vorgeben, im Namen und im Interesse der Arbeiter zu sprechen, fürchten Gewerkschaftler, leicht in die Gefahr zu geraten, als „Kapitalistenknechte" zu erscheinen. Sie werden dadurch verleitet, sich selbst wider besseres Wissen zu Wortführern mit klassenkämpferischen Parolen und übersteigerten Forderungen zu machen. Wollen sie dabei aber ein gutes Gewissen behalten, so bleibt ihnen unter der Wirkung ihrer zunächst nur taktisch gemeinten Argumentation schließlich nichts anderes übrig, als sich selbst einzureden, daß es im Grunde nicht darauf ankomme, „unser System" in seiner Existenz- und Leistungsfähigkeit zu erhalten oder zu verbessern, sondern es zu überwinden. Anders läßt sich das Verhalten vieler Gewerkschaftsbosse auf Verbandstagen und Kongressen kaum erklären. So, wenn die DGB-Führung mit Recht von unserer sich auflösenden Gesellschaft spricht, aber nicht merkt, daß sie und ihre Kollegen bei den Industriegewerkschaften selbst durch ihre überspitzten Polemiken diese Entwicklung nur fördern; etwa wenn man das Wort „Sozialpartnerschaft" in Zweifel zu ziehen beginnt oder wenn die IG Metall ihre Sozialpartner am liebsten völlig entmachten möchte und nicht bedenkt, daß auch ihre eigene Führung extremen Forderungen ihrer Radikalen völlig ausgeliefert wäre, falls z. B. die Aussperrung verboten würde. Seiner Führungsaufgabe wird man auch als Gewerkschaftler noch nicht dadurch gerecht, daß man soweit wie möglich einer vielleicht nur vermeintlichen Rollenerwartung entspricht, sondern nur dadurch, daß man kraft eigenen Weitblicks und persönlichen Durchsetzungsvermögens seine Rolle selbst zu gestalten vermag. Dazu gehört, nicht nur Ansprüche stellen, sondern auch die Grenzen des Möglichen deutlich zu machen und zu erhöhter Anstrengung und Verantwortungsbereitschaft von sich aus aufzufordern.

Auch Gewerkschaftsführer, die als Neugestalter der Sozialordnung in die Geschichte eingehen möchten, sollten wissen, daß es für eine solche Aufgabe nicht genügt, die erforderliche Macht zu erobern. Zum Kairos, d. h. zum Augenblick der wesentlichen Entscheidung für etwas Neues, welches Zeit Wendendes möglich macht, gehört mehr als die Machtergreifung. Die Menschen müssen dafür reif sein; sie sind es heute aber weniger denn je, sowohl die Masse der Gefährten als auch jene neomarxistischen Minderheiten und ihre gedankenlosen pseudoprogressiven Mitläufer, die zu meinen scheinen, daß der Zeitgeist als Erfüllungsgehilfe des Weltgeistes ihnen schon den rechten Weg weisen wird.

Es gibt keine größere Versuchung als die des Erfolges. Daher ist niemand gefährdeter als der Sieger im Machtkampf. Das gilt besonders für denjenigen, der in diesem Kampf um eines höheren Zieles willen die Mittel durch den Zweck heiligen läßt. Denn er glaubt mit der Macht auch das höhere Ziel selbst schon erreicht zu haben und bemerkt nicht, daß die gleichen Geister, die ihn die Macht erringen ließen, ihn nun sein Aufbauwerk verpfuschen lassen. Das Schicksal wohl aller Revolutionäre in der Weltgeschichte!

Schon 1954 warnte der Verfasser seine sozialistischen Freunde innerhalb und außerhalb des gewerkschaftlichen Lagers: „Wer nur seine persönliche Macht will, der mag ein falsches Bild von der Wirklichkeit hinzaubern, sich gegenseitig ausschließende Dinge gleichzeitig versprechen, an den Egoismus der Menschen appellieren und den Gegner diffamieren, wo er nur kann. Vielleicht wird es ihm dank der Unfähigkeit seiner Gegner gelingen, Erfolg zu erzielen. Wer aber die Macht für die Verwirklichung einer besseren Sozialordnung will, der muß an solchen Methoden scheitern, selbst wenn er zunächst mit ihrer Hilfe an die Regierung kommt.

Denn für eine Sozialreform genügen keine institutionellen Änderungen. Es gibt keine ausreichende institutionelle Sicherung gegen den Mißbrauch persönlicher Macht oder Freiheit. Es gibt Wirtschaftsordnungen, die mehr und solche, die weniger Machtmißbrauch ermöglichen. Aber ob das eine oder das andere jeweils der Fall ist, sieht man der gesetzten Wirtschaftsverfassung selbst nicht ohne weiteres an. Man muß auch die Moral und die Verhaltensweisen der Menschen kennen, die in und mit ihr wirken. Bei einer unfähigen und korrupten Bürokratie und einer undisziplinierten Bevölkerung erhält eine staatlich gelenkte und kontrollierte Marktwirtschaft mindestens ebensoviel Chancen des Machtmißbrauchs wie eine freie Marktwirtschaft. Sie wirkt aber bestimmt weniger produktivitätsfördernd als diese. In einem disziplinierten Volk ist eine öffentlich kontrollierte Marktwirtschaft einem sinnvollen Machtgebrauch günstiger als eine unkontrollierte, die zweifellos ein Moralzehrer ist, weil sie mehr Möglichkeiten für ein anonymes asoziales Verhalten bietet. Wer sich das klargemacht hat, für den sollten keine Zweifel darüber bestehen, daß man heute in Westdeutschland eine Sozialreform nicht mit institutionellen Änderungen beginnen kann, sondern nur durch Aufklärung und Erziehung der Bevölkerung. Jeder spontane institutionelle Reformversuch müßte mit einem kläglichen Fiasko enden, weil die Menschen entweder sich nicht aktiv genug beteiligen würden (z.B. im Falle der Mitbestimmung) oder sogar passiven Widerstand leisten würden (z.B. im Falle einer aktiven staatlichen Wirtschafts- und Preispolitik). In einer solchen Situation gehen sämtliche Schüsse aus der demagogischen Kanone hinten heraus und verletzen den Kanonier und seine Sache, denn er wird kein öffentliches Vertrauen gewinnen und selbst die öffentliche Moral verschlechtern helfen. Für ihn gilt nicht der Satz: ‚wer gut zielt, trifft nach allen Seiten‘, sondern der andere: daß, wer mit vergifteten Waffen kämpft, sich selbst gefährdet.‘‘

IV. Tendenzwende? –
Das Ende der Überflußgesellschaft

Über den sich verschärfenden demagogischen Machtkampf aller gegen alle und über die damit verbundene Polarisierung der Gegensätze vergißt man dann, in welcher Situation wir wirklich sind. Darüber vergißt man, daß die Leistungsfähigkeit von Wirtschaft und Gesellschaft nicht zur Erhaltung des status quo, sondern gerade zur Ermöglichung sinnvoller und notwendiger Reformen erhalten bleiben muß. Und darüber vergißt man, daß die Effizienz unserer Wirtschaft auch ohne Absinken der Leistungsmoral und ohne zweifelhafte egalitäre Ordnungsexperimente in Zukunft vielen Gefahren ausgesetzt sein wird, die bisher nicht vorhanden waren oder eine Zeitlang unbeachtet bleiben konnten, dafür aber heute um so deutlicher zutage treten. Denn wir haben schon seit Jahrzehnten eine Vogel-Strauß-Politik betrieben.

Bereits ehe 1967 bei uns der sich links gebende Progressivismus ausbrach und ein neues Zeitalter einzuleiten vorgab, hatten wir es verlernt, die Grenzen des auch langfristig Möglichen klar ins Auge zu fassen. Im ersten Jahrzehnt unseres Wiederaufbaus hatten uns wirtschaftliches Wachstum und steigender Lebensstandard fasziniert. Sie wurden fast ausschließlich der Leistungsfähigkeit der Unternehmerinitiative und Marktwirtschaft in einer freiheitlichen Gesellschaft zugerechnet. Es blieb unbeachtet, daß der Wachstumsprozeß nicht nur auf eigener

Leistung von Unternehmer- und Arbeitnehmerschaft, sondern auch auf einmalig günstigen weltwirtschaftlichen Bedingungen, auf dem rücksichtslosen Abbau von Umweltqualitäten und auf der Vernachlässigung einer zukunftsgerichteten Infrastruktur beruhte, daß man also zum guten Teil auf Kosten der Substanz produktiver Kräfte und in der leichtfertigen Erwartung einer gleichbleibend günstigen weltwirtschaftlichen Großwetterlage lebte. Mit der Gewöhnung an einen ständig steigenden Lebensstandard auf Kredit wuchsen die Ansprüche und sanken Leistungsbereitschaft und -fähigkeit. Je mehr dies alles zu einer Selbstverständlichkeit wurde, desto weniger fragte man noch nach den Voraussetzungen des eigenen Wohlstandes.

Auch wurde die Tatsache, daß einseitige Einkommensverteilung und Vermögensbildung bis zu einem nicht geringen Grade die Schattenseite marktwirtschaftlicher Vorzüge sind, allzu lange verdrängt und dementsprechend nicht rechtzeitig die Bereitschaft entwickelt, diese Problematik, soweit sie ohne unerwünschte Folgen nicht lösbar ist, als unvermeidliches Übel der Marktwirtschaft hinzunehmen. Statt dessen begann schon Anfang der sechziger Jahre ein Schattenfechten unter dem Thema: Vermögensbildung in Arbeitnehmerhand, an dem sich auch mehr oder weniger prominente Wissenschaftler eifrig beteiligten. So war es unausbleiblich, daß die Gruppenkämpfe und die Bemühungen unseres Gefälligkeitsstaates, sich unter immens anwachsenden Kosten als vollendeter Sozialstaat zu profilieren, gerade in dem Augenblick ihrem Höhepunkt zustrebten, als die Rechnung für die unterlassenen oder verfehlten öffentlichen Investitionen und Reformen nicht länger unbeglichen bleiben konnte und sich gleichzeitig die weltwirtschaftlichen Umweltbedingungen rasant zu verschlechtern begannen. Aber kaum jemand unter den Gruppenkämpfern war bereit, die Konsequenz daraus zu ziehen, daß man in einem wachsenden Wust von Zielkonflikten und bei schwindenden Mitteln nicht so weiterleben konnte wie bisher.

Seit einiger Zeit ist zwar viel von einer Tendenzwende die Rede. Was uns jedoch ins Haus steht – um in einem journalistisch beliebten astrologischen Jargon zu sprechen – ist keine

Tendenzwende, sondern nach wie vor der Marsch in die Gesellschaftskrise. Daß einige Landtagswahlen den sozialliberalen Koalitionen in unserer Bundesrepublik Verluste gebracht haben, ist nur ein leicht verändertes Wellengekräusel, unter dem die Zeitströmung über unsere Landesgrenzen hinaus international unbeirrt weiterläuft. Die Wahlergebnisse in der Bundesrepublik brachten Verwirrung, Zweifel und Unsicherheit der Wähler zum Ausdruck; mehr nicht. Von der Krankheit eines sich progressiv gebenden Pseudohumanitarismus, wie sie vom Verfasser schon seit Jahren immer wieder diagnostiziert wurde, sind wir alles andere als genesen. Diese Krankheit wird zur Zeit nur abgedeckt durch schockhafte ökonomische Frustration, durch einen modisch erscheinenden Rückschlag in konservativ klingende Redeweise und durch sozialdemokratische Solidarität gegenüber einem Bundeskanzler, von dessen Erfolg allein die künftige Gestaltungsmacht der SPD abhängig geworden ist. Dies alles hat ein Erscheinungsbild der Ernüchterung hervorgerufen, hinter dem sich an unserem geistigen Klima nichts Entscheidendes geändert hat.

Nach wie vor wird nicht nach den langfristigen Existenzbedingungen des Gemeinwesens gefragt. Nach wie vor wird lediglich nach dem individualistischen Konzept, nach dem jeder gleiche Ansprüche auf Versorgung und Mitbestimmung hat, ob er nun sozial oder asozial wirksame Beiträge für unser Gemeinwesen liefert, geurteilt und gehandelt. Nach wie vor werden dementsprechend pathologischen und kriminellen Randgruppen weit mehr Zuwendungen und Aufmerksamkeiten zuteil, als es die Kräfteökonomie unserer Gesellschaft noch erlauben dürfte. Auch ist bis heute noch nicht erkennbar geworden, wie sich die Gruppenkämpfe um den Sozialkuchen und die Kosten unseres Sozialstaates den neuen ökonomischen Fakten anpassen sollen.

Daß wir im Vergleich zu anderen westlichen Ländern noch relativ günstig abschneiden, ist nur ein schlechter Trost. Dafür ist unser ökonomisches und politisches Schicksal zu eng mit dem Wohlergehen dieser Länder, wie überhaupt mit der fragwürdig gewordenen Entwicklung von Weltwirtschaft und

Weltpolitik verknüpft. Zwar wären die Probleme einer Weltwirtschaftskrise heute sehr viel leichter als in den dreißiger Jahren zu lösen, da man die dafür erforderlichen organisatorischen Mittel weit besser als damals kennt. Nur wird deren Anwendbarkeit dadurch in Frage gestellt, daß inzwischen „Führungsschwäche" und „Abbau der Staatsgewalt" zu weltweiten Problemen geworden sind. Das gilt auf jeden Fall für die westliche Welt und für die internationalen Organisationen, soweit diese an die Stelle einzelner Staatsgewalten treten müßten. Was nützen internationale Abmachungen, wenn sie von immer weniger Regierungen im eigenen Lande durchgesetzt werden können?

Im übrigen herrscht auch im internationalen Bereich ein irrationaler Pseudohumanitarismus vor. Auch hier werden im Namen eines libertinen Egalitarismus allen Menschen und Völkern gleiche Ansprüche auf Wohlstand zugestanden, ganz gleich, ob die Voraussetzungen dafür gegeben sind und ob die Menschen und Völker selbst bereit sind, die dafür erforderlichen Bedingungen zu erfüllen. Erfahrungen mit der Entwicklungshilfe und Vorgänge in der UNO liefern dafür eindrucksvolle Beispiele. So wird sich eine neue, durch realpolitische Rationalität bestimmte Tendenzwende erst durchsetzen können, wenn sie kein nationaler Einzelfall bleibt, sondern wenn sich die Menschen und Völker international wieder daran gewöhnen, zunächst einmal sich selbst zu helfen und ihren Teil auf sich zu nehmen, ehe sie Ansprüche gegen andere erheben.

Für unsere Gesellschaft und unseren Staat kann das nur heißen: Wir müssen endlich vom naiven oder taktischen Optimismus bei der Vorausberechnung des Sozialprodukts, der Steuereinnahmen, der Steigerung von Löhnen und Sozialleistungen und bei der Beurteilung möglicher Reduzierung der Arbeitslosigkeit lassen. Wir müssen endlich davon ausgehen, daß in diesen Bereichen tatsächlich eine Tendenzwende zum Schlechteren, nämlich weg von der Überflußgesellschaft, stattgefunden hat. Wir müssen endlich als Realität akzeptieren: Das zukünftige Wachstum unserer Wirtschaft ist völlig ungewiß geworden. Mit Stagnation, ja mit Schrumpfung muß als möglich gerechnet werden; und vielleicht nicht nur für eine kurze Übergangsphase. Aber gerade deshalb muß alles getan werden, was von unserer Seite aus möglich ist, um diese Tendenzwende aufzuhalten. Ein pragmatischer Bundeskanzler ist zur Zeit damit beschäftigt, solche Aussichten und Notwendigkeiten einem öffentlichen Bewußtsein nahezubringen, ohne dessen seit Jahrzehnten genährten unrealistischen Optimismus in einen defaitistischen Pessimismus umschlagen zu lassen. Man kann nur hoffen, daß er weder innerhalb noch außerhalb seiner Partei von oppositionellen Kräften daran gehindert wird.

Für unser Thema bleibt abschließend die Feststellung: Solange wir nicht aus der polarisierenden Alternative „Unternehmer- oder Gewerkschaftsstaat" herausfinden, solange der Staat nicht wieder mehr wird als der Erfüllungsgehilfe für die Ergebnisse der Gruppenkämpfe, solange wir nicht begreifen, daß das Problem, um das man in der modernen arbeitsteiligen Wirtschaftsgesellschaft – welcher Ordnung auch immer – ewig bemüht sein muß, die Konfliktminimierung und nicht die Konfliktmaximierung ist, solange wir nicht zu einer selbstverständlichen Leistungs- und Verantwortungsbereitschaft, d. h. nicht zuletzt auch zu einer Verzichtbereitschaft, zurückgefunden haben, solange hat auch die Mitbestimmung keine Chance zu funktionieren und zu einem gesellschaftlich stabilisierenden Faktor zu werden. Die Idee der Mitbestimmung muß dann zwangsläufig mit dazu beitragen und daran scheitern, daß die praktischen Aufgaben, vor die uns die nächsten Jahrzehnte stellen, nicht bewältigt werden können.

Damit dürfte sich die Mitbestimmung dann nicht als die große Idee des 20. Jahrhunderts, sondern als die große säkulare Fehlleistung erweisen, möglicherweise sogar als das Vehikel für etwas ganz anderes, nämlich für ihr Gegenteil: die zwangsmäßig totalitär geordnete Gesellschaft.

Literatur

Böhler, Eugen: Psychologie des Zeitgeistes, Frankfurt a. M. 1973.

Höhn, Reinhard: Der Weg zur Delegation der Verantwortung in Unternehmungen, Bad Harzburg 1969.

Naphtali, Fritz: Wirtschaftsdemokratie, ihr Wesen, Weg und Ziel, 5. Aufl., Berlin 1931.

Ortlieb, Heinz-Dietrich: Was wird aus Afrika? 2. Aufl., Zürich – Osnabrück 1977.

Ortlieb, Heinz-Dietrich u. Schelsky, Helmut (Hrsg.): Wege zum sozialen Frieden, Düsseldorf 1954.

Rittig, Gisbert und Ortlieb, Heinz-Dietrich (Hrsg.): Gemeinwirtschaft im Wandel der Gesellschaft, Berlin 1972.

CHRISTA MEVES

Die Entglückung des Menschen
durch das Egalitätsprinzip

> Tugend will ermuntert sein,
> Bosheit kann man schon allein!
>
> *Wilhelm Busch*

Die Kiste war 1,20 m lang, der Mann, den man hineinpreßte, 1,85 m. Dreifach zerbrochen kam er nur knapp mit dem Leben davon – der Millionärssohn Oetker, dem diese barbarische Quälerei lediglich deshalb zuteil wurde, weil über ihn das Schicksal verhängt war, in der Mitte des 20. Jahrhunderts in Westdeutschland als der Sohn eines begüterten Mannes zur Welt gekommen zu sein.

Ist diese Geschichte nicht geradezu eine Verkörperung des griechischen Prokrustesmythos? Auch Prokrustes war laut Sage ein Straßenräuber wie die Oetker-Kidnapper. Er lauerte am Weg, überfiel die Vorüberkommenden, schleppte sie in sein Gehege und steckte sie in ein Bett. Waren sie zu lang, hieb er von Füßen und Beinen ab, was nicht paßte. Waren sie zu kurz, wurden sie gedehnt, bis sie qualvoll zugrundegingen. Der Held Theseus entdeckte das Ungeheuer und befreite sein Land von der sadistischen Plage einer solchen räuberischen Nötigung.

Mythen waren die Stoppschilder der Alten. Jedes Volk, das Kultur bildete, brachte das mit Hilfe von Regulierungen zustande, die den Gefahren des Volksganzen durch eindringliche Bildergeschichten begegneten. Die Griechen, so zeigt die Prokrustesgeschichte, kannten die Gefahr der Egalitätsideologie. Sie hatten anscheinend erfaßt, daß Mangelerlebnisse den Menschen zum Räuber machen können, daß das Erleben des Nicht-Habens in der Lage ist, räuberischen Neid und räuberischen Haß zu erzeugen, und zwar keineswegs gegen den, der vorenthielt allein, sondern generell gegen die vorübergehenden Zeitgenossen. Der Mangel erzeugt im Menschen nicht nur das unter Antriebsdruck stehende Bedürfnis, dem Habenden seine

Habe zu nehmen, es erzeugt darüber hinaus das Bedürfnis nach gewaltsamer Angleichung an das eigene Format. Das Erfahren von Unterschieden wird vom Menschen offenbar in der vielfältigsten Weise als Mangel erlebt und bewirkt Einstimmung zu räuberischer Freiheitsberaubung und Nötigung zu gewaltsamer Angleichung. Die Griechen erkannten, was für Gefahren eine solche Geisteshaltung entstehen läßt: nämlich nichts weniger als Existenzverlust; auf jeden Fall aber eine fürchterlich barbarische Quälerei, ein um sich greifendes Unglück für alle, die in den Bannkreis dieses Zeitgeistes Prokrustes geraten sind.

Nur der Held kann da helfen, und das ist – versteht man mythische Bildersprache richtig – keineswegs ein Haudegen mit mehr Muskelkraft und mehr Gewalt, sondern eine dagegen aufstehende Geisteshaltung, eine Abwehr, die mit klarem Bewußtsein die Gefährlichkeit und Schädlichkeit des Räuber-Geistes Prokrustes erkennt und kraftvoll-tapfer den Dämon beseitigt. Die Griechen lebten in ihren Mythen und wurden deshalb vor Konkretionen der Prokrustes-Geschichte immer neu gewarnt. Wir Modernen haben die Mythen abgeschafft, weil wir meinten, sie seien alberne Kindergeschichten, weil wir den Stoppschildsinn nicht mehr erfaßten und glaubten, sie den Kindern heute als eingeprägte Warnungen nicht mehr mitgeben zu brauchen. Deshalb ist der Geist des Prokrustes bei uns bereits zu einem seelenfressenden Monstrum angewachsen. Die erpresserischen Geiseldramen der Millionärssöhne sind nur eine einzige winzige Variante; denn auch sie wären in diesem Ausmaß nicht möglich, wenn nicht der Geist des Prokrustes tagaus tagein in den Kriminalstücken des Fernsehens die bösen Reichen zu den eigentlichen Verbrechern stempelte.

Es ist nicht das Ziel dieser Arbeit, den Wert oder Unwert, den Vorteil oder auch Nachteil von freier Marktwirtschaft und Eigentumsbildung zu beschreiben; es sollte mit diesem Einstieg zunächst nur verdeutlicht werden, daß die Vorstellung von Menschen, die Beseitigung der Reichen sei eine moralisch erstrebenswerte Leistung, eine einzige Variante im Programm des Räubers Prokrustes darstellt. Der Zeitgeist in der Bundesrepublik Deutschland wird von Prokrustes zur Zeit geradezu beherrscht und wird, wie ich in diesem Aufsatz aufzuzeigen hoffe, in den verschiedensten Sektoren unseres Lebens in krasser Absurdität sichtbar.

Der Zeitgeist der Angleichung ist deshalb absurd, weil er eine elementare Gegebenheit des Menschen, nämlich seine vielfältige Unterschiedlichkeit, leugnet. Dieser Zeitgeist verwechselt einen Wunschtraum des Menschen, den nach totaler Gleichheit und damit der Möglichkeit zu absoluter irdischer Gerechtigkeit mit der Wirklichkeit, daß es nicht eliminierbare Unterschiede gibt. Es ist aber objektiv ein Unterschied, ob ein Mensch mit einem verkrüppelten Körper oder mit einem gesunden geboren wird, ob er schwachsinnig ist oder ob seine Fähigkeit zu denken die der anderen überragt, ob er als Junge oder als Mädchen geboren wird, ob er mit Zartheit oder Robustheit an Leib und Seele ausgestattet ist. Es muß die Aufgabe von hochentwickelten Kollektiven sein, solche Härten der Natur abzuschwächen; damit schaffen wir aber keineswegs die Verschiedenartigkeit der Menschen und damit auch nicht die Ungleichheit ihrer Möglichkeiten aus der Welt. Die neuen Forschungsergebnisse in der Genetik (H. J. Eysenck) sowohl über die angeborene unterschiedliche Erbausstattung in bezug auf die Intelligenz wie auf eine gewisse labile Grunddisposition als Voraussetzung zu späteren Anpassungsschwierigkeiten zeigen deutlicher denn je die angeborene Verschiedenheit der Menschen auf. Ungleichheit zu leugnen, das kann aber allenfalls zu einer Nivellierung führen, die dem Ganzen nicht nützt, sondern schadet, weil sie geistiges Niveau senkt.

Die Hitzigkeit der Diskussionen heute um dieses Thema zeigt immer wieder, daß die wirklichkeitsgerechte Einsicht vernebelt wird durch den Neid auf die, die einen „höheren Rang" haben, und durch die Unfähigkeit, zu unterscheiden einerseits zwischen der Anerkennung unumgänglicher Verschiedenartigkeit der Begabungen und andererseits dem Bedürfnis, allen Menschen in brüderlicher Weise zur Achtung zu verhelfen. Das Streben nach Verwirklichung dieses Bedürfnisses kann gar nicht genug betont und in den Vordergrund gestellt werden – es hat aber gerade nichts zu tun mit der Verteufelung irgendeiner Gruppe, auch der der Mächtigen und Reichen nicht. Das drängende Bedürfnis, *allen* Mitmenschen die ihnen gebührende Achtung zu zollen, kann allenfalls mit Eintrübungen der Klarheit des gesunden Menschenverstandes ausgerechnet den Schrei nach Gleichheit zur Konsequenz haben; denn die Angleichung führt eben gerade nicht zu einer wirklichkeitsbezogenen Angemessenheit, sondern zu einer gewaltsamen, schädigenden Veränderung, die generell Entglückung bedeutet.

Die Anwendung einer Theorie vom Menschen auf sein Leben, die auf einer fundamentalen Unwahrheit beruht, muß unglücklich machen; denn dauerhaftes Glück wächst dem Menschen nur zu, wenn es ihm allmählich gelingt, innerhalb seines Lebens in einen Einklang mit seiner höchst unterschiedlichen individuellen Bestimmung zu kommen. Nur eine Bemühung um möglichst optimale Entfaltung der unterschiedlichen Individuen unserer Population könnte das Glück der Menschen steigern. Prokrustes, der Geist der Angleichung, ist ein brutaler, gewalttätig-sadistischer Diktator, der skrupellos Macht ausübt!

Der moderne Prokrustes – sprich: der von neurotischen Intellektuellen hochstilisierte Zeitgeist der Gleichmacherei – ist darüber hinaus noch eine Steigerung des griechischen, denn er hat überhaupt nur eine einzige Form, die er zuläßt, nur einen einzigen stereotypen Abguß für den Menschen. Er zwingt alle samt und sonders in ein Klischee, das im Grunde nur für wenige wirklich paßt. Dieses Klischee ist keineswegs, wie das der Griechen, nur darauf aus, nicht zu groß und nicht zu klein sein zu dürfen. Dieser moderne Typ sieht folgendermaßen aus: Er ist jung (etwa 20–30 Jahre alt), ungebunden mobil, gesellig-salopp, sexuell aufgeschlossen, ohne Ehrgeiz berufstätig, von mittlerem Einkommen, genußfreudig, verhalten redegewandt, wissenschaftlich informiert und grundsätzlich skeptisch. Er ist mehr Mann als Frau, ein Mensch von lässiger Toleranz und pfiffiger Geschicklichkeit.

Ich werde jetzt aufzuzeigen versuchen, zu welchen Formen des Unglücks es in den verschiedenen Lebensbereichen kommt, wenn man den Menschen durch Angleichung in dieses Klischee zu pressen sucht.

I. Die Egalisierung der Lebensalter

Besonders negative Auswirkungen hat das diktatorische Klischee des Prokrustes auf die Artgenossen, die nicht dem vorgeschriebenen Lebensalter entsprechen. Das liegt vor allem daran, daß die verschiedenen Lebensalter des Menschen Entfaltungsphasen mit spezifischen Aufgabenstellungen darstellen, die mit der einen Phase, der jungen Erwachsenheit, keineswegs einfach identisch sind. Im Leben des Menschen wechseln z.B. Phasen der Introversion mit solchen der Extraversion ab. Im Kleinkindalter hat die spielerische Vorübung Vorrang, das Schulalter ist die Phase der neugierigen, wissensbezogenen Eroberung der Realität, die Pubertät steht im Dienst der Ablösung, die Adoleszenz in der Ich- und Wertfindung. Jenseits der Lebensmitte wird der Aufbau auf der Lebenserfahrung immer wichtiger. Und mit dem Abnehmen der Körperkraft steht eine Vorbereitung auf das Sterben zunehmend unüberhörbarer als Aufgabe ins Haus.

Von solchen Grundgesetzen des Lebensaufbaus will unsere Angleichungsideologie nichts wissen, im Gegenteil:

1. Die Alten müssen jung sein

Das ist nicht nur daran erkennbar, daß man die Alten zu einer hektischen Aktivität mobilisiert: Sie müssen um den halben Erdball reisen, man animiert sie zu Gruppenbusfahrten. Sie müssen gesellige Veranstaltungen haben mit viel lauter Musik und Tanz. Sie müssen fortgesetzt irgendwie abgelenkt werden und sich das Leben kurzweilig machen. Aber nicht darin allein haben sie sich zu erschöpfen: Sie müssen auch dringend zu einer Verleugnung der Abnahme ihrer sexuellen Potenz gebracht werden, die den unterschiedlichen Bedürfnissen und Möglichkeiten des einzelnen nicht gerecht wird, sondern zwanghaftes Egalisieren bedeutet. Stolz berichtete jüngst die Zeitschrift „Sexualmedizin": Während nach einer Untersuchung aus den sechziger Jahren hervorgeht, daß damals die sexuelle Aktivität von den Männern durchschnittlich mit 68 und von den Frauen mit 60 aufgegeben wurde, darf man hoffen, daß sich das durch eine Beeinflussung der Alten zu einer Bejahung von Sex bald ändert. Wörtlich heißt es: „Es ist eigentlich schon sehr erfreulich, daß immer mehr alte Menschen durch ihre erwachsenen Söhne und Töchter resexualisiert und sogar erstmals vollständig sexualisiert werden." (A. Comfort.) Die Verbreiter dieser Meinung, die durch die Tageszeitungen ging, haben vermutlich nicht einmal im Bewußtsein, wie sehr sie im Dienst des Prokrustes stehen. Sie errichten aber mit dieser Forderung eine neue Norm, die nicht einfach nur Beglückung ist, sondern häufig zu Problemen führt, die ohne die künstliche Klischeevorstellung nie entstanden wären. Denn berechtigte, sinnvolle, natürliche Alterungsprozesse sollen verleugnet und an ihre Stelle das Soll des jungen Erwachsenen gesetzt werden.

Während sich alte Ehepaare bisher mit dem Nachlassen der sexuellen Potenz des Mannes selbstverständlich abfanden, müssen sie heute alles Erdenkliche tun, um darin up to date zu sein. Der Mißerfolg beschämt, die oft jüngeren Ehefrauen sehen sich in ihrem „legitimen" Bedürfnis, sich jung zu halten, enttäuscht und können die mißlichsten Reaktionen – von der vorwurfsvollen Beschämung bis zum scheinbar berechtigten Seitensprung – zustande bringen; oder umgekehrt: das mit ärztlicher Hilfe neu angekurbelte Schwungrad kann von der alten, sexmüden Ehefrau als Vergewaltigung ihres eigentlichen Bedürfnisses, nämlich dem nach Ruhe, erlebt werden. Der Zwang zur Resexualisierung der Alten kann viele künstliche Eheprobleme heraufbeschwören.

Außerdem: Manche der Älteren sterben heute in fernen Landen, weil das alte Herz, das vielleicht sonst noch fröhlich ein paar Jahre geschlagen hätte, den Reiserummel und die anstrengende abrupte Klimaveränderung nicht mehr vertrug! Die Art ihres Reisens war nicht dem Altersstatus angemessen. Im Gegenteil: Man wollte häufig sich und seiner Umwelt beweisen, wie sehr man noch die Leistungsfähigkeit und Anstrengungsmöglichkeit des jugendlichen Erwachsenen besitzt. Das soll natürlich nicht heißen, daß ein Reisen alter Menschen, das ihren Kräften entspricht und auch die Möglichkeit zu Kontemplation und vertieftem Erleben schenkt, individuell nicht großer Gewinn sein kann. Aber es stammt aus dem Geist des Prokrustes, wenn immer mehr Alte heute klagen, daß sie das Alleinsein als Einsamkeit erleben, weil ihnen keiner die Möglichkeit gibt, Alleinsein als ein höchstes Geschenk zu verstehen – als eine Zeit, in der man in der Lage ist, zu sich selbst zu kommen. Statt dessen müssen sie nach Tätigkeitsformen suchen, die eigentlich in die Phase der jungen Erwachsenheit gehören. Diese Fehleinstellung betrügt viele Alte um die echte berechtigte Glücksmöglichkeit der letzten Lebensphase: von der Arbeit ausruhen zu dürfen, um in einem besinnlichen Alltag den spezifischen Sinn dieser Lebensphase zu erfahren.

Der Geist der Angleichung wertet das Alter aber auch ab; denn er mißt den Wert des alten Menschen am Grad seiner noch vorhandenen Mobilität, seiner noch vorhandenen Körperkräfte. Das gebrechliche Alter ist damit in den Augen der anderen – und bald dann auch in den Augen der Alten selbst – weniger, ja achselzuckend wertloses Sein. Da dem Alter kein Eigenwert mehr zugebilligt wird, gehen Gefühle der Ehrfurcht, der Bewunderung von Weisheit, der Impulse von Dankbarkeit und Verpflichtung und damit der Ansporn zur Weiterentwicklung verloren. Eine Gesellschaft, die dem jugendlichen Erwachsenen die hauptsächliche Leitbildfunktion zuerteilt, führt den Älteren geradezu zwangsläufig in das Schicksal der Stagnation seiner individuellen Entwicklung. In den Augen des Prokrustes ist der nicht mehr in sein Bett zwingbare Greis ein altes unbrauchbares Eisen. Diese Entwertung bedeutet eine erhebliche Minderung seiner Möglichkeit, Alter gelassen auf sich zu nehmen und durch die Wertschätzung der Jüngeren den eigenen Wert beglückt zu erleben. Der Geist der Angleichung entfremdet den Alten von sich selbst und betrügt ihn damit um ein Lebensgeschenk, das gerade dieser fleißigen und asketischen Generation zustehen sollte. Nur diejenigen Alten, denen durch aktive Seelsorge geholfen wird, den Geist des modischen Klischees als Feind ihrer Jahre zu erleben, mögen ausnahmsweise gefeit sein, vom Räuber Prokrustes eingefangen zu werden. Einige wenige mögen es aus eigener Kraft und auf dem Boden einer religiösen Einstellung schaffen. Ein 78jähriger Herr schrieb in einem Brief: „Ich stand am Ende meines Lebens mit leeren Händen da, bis mir der weise Schwabe Hermann Oeser zu der entscheidenden Einsicht verhalf: ‚Heiliges Nichtstun, Herr Nachbar, ist das einzige Ideal des heiligen Tuns. Stille halten dem immer sichtbaren, immer nahen Gott.‘ Das heißt: Wen ergreift Gott? Nur die, die mit völlig leeren Händen geduldig auf ihn warten. Wenn das geschieht, wird aus einem Ahnen Besitz, aus Mitmenschlichkeit Liebe! So wird Weltüberwindung, das ist der alles entscheidende Punkt!“

2. Die Kinder müssen erwachsen sein

Aber nicht nur jenseits der Lebensmitte wird es zunehmend problematischer, ins Klischee des modischen Prokrustes zu passen. Die Kinder und Jugendlichen müssen sich brutale *Überdehnung* gefallen lassen. Schon den Kindern im Vorschulalter nötigt man die Gleichberechtigung zum jungen Erwachsenenalter auf, soweit das nur irgend geht. Es bedeutet eine Überforderung für Kleinkinder, wenn man von ihnen erwartet, daß sie Grenzen ihrer Handlungen selbst erkennen und festlegen. Es bedeutet Überforderung, wenn die Kinder in die totale Selbstbestimmung ihrer Betätigungsweisen genötigt werden; sie mißverstehen dieses Freigelassensein mit Recht als Gleichgültigkeit ihrer Erzieher und antworten mit Aggressivität und Mißlaunigkeit. Es ist ebenso Verfrühung, wenn man ihnen intellektuelles Lernen, d. h. Spiele mit intellektualistischen Lernzielen, aufnötigt.

Auch das Zuschauen der Kinder beim Geschlechtsvorgang oder beim Sterben, die Selbstverständlichkeit, vierjährige Kleinkinder an Beerdigungen teilnehmen zu lassen, d. h. also, ihnen die Gleichheit von „Rechten“ der Erwachsenen zukommen zu lassen, bedeutet in vielen Fällen kein Geschenk, sondern Unglück, weil die Kinder mit Schock, Verdrängung, phobischen Ängsten, neurotischer Hyperaggressivität oder mit Stumpfheit als Abwehrmechanismen reagieren. Es ist nicht wahr, daß man Kindern unbeschadet die Teilnahme am Sexualleben ihrer Eltern oder eine Verführung zur sexuellen Betätigung erfahren lassen kann. Durch ihre sehr starke, noch ungeschützte Emotionalität in Verbindung mit dem Fehlen von Lebenserfahrung gelingt ihnen die Verarbeitung und Einordnung des stark erregenden Erlebnisinhaltes noch nicht, so daß es zu einer Fülle neurotischer Reaktionsformen kommen kann, die das Leben der Kinder erschweren, Lernfähigkeit mindern und die Entfaltungsmöglichkeiten verzögern können.

Schwere Nöte dieser Art, die das ganze spätere Leben im Erwachsenenalter negativ zu färben vermögen, treffen aber nicht nur die Kinder. Die Jugendlichen haben heute nicht minder unter der zähen Diktatur des Prokrustes zu leiden. Viele Schüler, so weiß ich aus der Praxis, sind durch die Notwendigkeit der freien Fächerwahl in den Kollegsystemen der Oberschule überfordert. Denn es nötigt den Schüler, die Entscheidungsmöglichkeit zu haben, die man früher erst dem Studenten abforderte. Gerade die sensiblen und intelligenten Schüler erleben diese Forderung zur Eigenentscheidung als Qual, weil sie noch zu wenig Erfahrungen über die Dominanz ihrer Begabungen haben. Diese Handhabung bedeutet für viele eine Verfrühung der Selbstbestimmung, an der sie mutlos verzagen, so daß nicht selten Leistungsprotest oder schulischer Mißerfolg die Folgen sind. Darüber hinaus wird der Jugendliche auf diese Weise in einer Phase seiner Entwicklung des festen Klassenverbandes beraubt, in der er ihn als Rückhalt für sein noch schwaches Ich nötiger hat als in irgendeiner anderen Entwicklungsstufe. Oft wird für den Weg zum Kurs unmäßig viel Zeit benötigt, d. h. die Möglichkeit zu einer optimalen Effektivität des Lernens wird immer geringer – von dem Verlust, sich einen Grundstatus allgemeiner Bildung zuzulegen, der früher sinnvolle Aufgabe der drei Oberstufenjahre war, ganz abgesehen. Naive Geister lassen sich mit dem Scheinargument, daß man mit Hilfe des Kurssystems der individuellen Begabung doch besser gerecht werde, gern und leicht Sand in die Augen streuen. Sie verkennen dabei, daß das Reformziel hier keineswegs heißt, individuelle Begabung zu fördern, sondern möglichst alle mit Hilfe einer Einschränkung der Anforderung zum

Abitur zu bringen, damit sich in bezug auf ihren weiteren Ausbildungsanspruch möglichst alle auf dem gleichen Status befänden. Wie sehr dies und nicht die Begabungsförderung des Einzelnen bei dieser Neuregelung Pate gestanden hat, läßt sich auch daran erkennen, daß viele Jugendliche ihre Wahl in praxi selten einmal nach ihren echten Neigungen treffen, selbst dann nicht, wenn sie sie erkannt haben. Sie richten sich vielmehr nach äußeren Gesichtspunkten, d. h. der Akzent liegt opportunistisch auf der Frage, bei welchen Kurslehrern man am meisten Aussicht hat, einen optimalen „Schnitt", eine möglichst hoch bewertete Abiturnote, zu bekommen. Daß das zu einer Niveausenkung, zu einer Entfaltungsminderung insgesamt führt, ist evident. Ein System, das Selbstbestimmung zur Unzeit und unter unzureichenden Voraussetzungen fordert, wird zur gesteigerten, besonders inadäquaten, willkürlichen Fremdbestimmung. Die freie Fächerwahl erfolgt zu früh, die Kollegstufe entspricht nicht den allgemeinen seelisch-geistigen Möglichkeiten von 15 bis 18jährigen unserer Zeit, wird ihnen deshalb nicht gerecht und bewirkt neues zusätzliches Unglück bei denen, die man hineinzunötigen sucht. Denn das Gleichheitsklischee des jungen Erwachsenen schreibt den Berechtigungsschein Abitur in seinem ungeschriebenen Codex vor und veranlaßt die Eltern, ihre Kinder ungeachtet ihrer eigentlichen Fähigkeiten in diese Richtung zu drängen.

In gleicher Weise wirkt jene Tendenz in der Schulerziehung, Konfliktpädagogik genannt, die es den Kindern und Jugendlichen planmäßig vermiest, sich an den Vorbildern von Lehrern und Eltern zu orientieren. Wer als Jugendlicher mit den Erwachsenen gleichgeschaltet ist, steht mit ihnen selbstverständlich gleichberechtigt auf gleicher Stufe. Sich nach ihnen auszurichten, wird dadurch zur überflüssigen Unsinnigkeit. Ein Großteil der Lernprozesse von Kindern und Jugendlichen beruht aber auf Nachahmung eines Vormachers. Weil das im Menschen als Lernvoraussetzung angelegt ist, fehlt dem Kind das entscheidende Objekt, wenn man den Vormacher streicht. Der lernende junge Mensch ist darauf angewiesen, sich an Vor-Bildern zu orientieren. Die Überhöhung der Lernenden zu Wesen, die den Erwachsenen gleich sind, ist deshalb eine elementare Frustration – nicht nur im Kleinkindalter, sondern erst recht im Jugendalter, wo der Mensch geistiger Vormacher, über- und unpersönlicher Vor-Bilder bedarf. Vormacher sind grundsätzlich etwas anderes als die Nachahmer; sie sind größer, sie stehen höher, damit man sie sehen und ihnen folgen kann. Es hat nichts mit Fortschritt zu tun, wenn Erzieher dieses ihr funktionales Anderssein verleugnen. Es bleibt unwahrhaftig und wird von den Kindern auch so erlebt. Gleiche „Gültigkeit" zur Unzeit macht gleichgültig.

Neuerdings gehen viele Eltern, ja auch Großeltern im Zuge des Gleichheitswahns unreflektiert dazu über, sich von ihren Kindern mit dem Vornamen anreden zu lassen. Lehrer lassen sich von ihren Schülern duzen. Die gutgemeinte Bemühung um gleichberechtigte Partnerschaft verkennt das Wesen der Aufgabe des Vormachers. Größere, echtere Bescheidenheit enthält hingegen das geduldige Annehmen einer Funktion, die vom Kind in der Tiefe seiner Seele erwartet wird. Es ist deshalb im Grunde brutale Lieblosigkeit, wenn der Erzieher, vor allem der Lehrer, diese Funktion nicht mehr wahrnimmt. An Perversion grenzt es, wenn der Lehrer, statt durch seine Persönlichkeit hindurch Orientierung zu geben, sich an den Verhaltensstil der Jugendlichen anpaßt, in betont verdreckten Bluejeans vor die Klasse tritt, Ordnungsnotwendigkeiten negiert (selbst zu spät kommt, sich im Klassenzimmer rasiert, die Beine auf den Tisch etc.) und so in abschreckend peinlicher Weise Anbiederung an seine Schüler vollzieht. Mit solchem ideologischen Mitläufertum schneidet sich der Erzieher meist bald selbst tief ins eigene Fleisch. Er hat damit nur kurzfristig Erfolg bei seinen Schülern; langfristig setzt sich ihr Unbehagen durch, weil Elementares vernachlässigt wird. Sie antworten nicht mit Anhänglichkeit, wie der Lehrer insgeheim hoffte, sondern mit Verachtung, Gleichgültigkeit und Desinteresse. Sich bei der Jugend anbiedern zu wollen, kommt vor dem Fall. Bereits Plato (427–357 vor Christi) spricht das sehr deutlich aus: „Und die Lehrer zittern bei solchen Verhältnissen vor ihren Schülern und schmeicheln ihnen lieber, statt sie sicher und mit starker Hand auf einen geraden Weg zu führen, so daß die Schüler sich nichts mehr aus ihren Lehrern machen. Überhaupt sind wir schon so weit, daß sich die Jüngeren den Älteren gleichstellen, ja gegen sie auftreten in Wort und Tat. Die Alten aber setzen sich unter die Jungen und suchen sich ihnen gefällig zu machen, indem sie ihre Albernheiten und Ungehörigkeiten übersehen oder gar daran teilnehmen, damit sie ja nicht den Anschein erwecken, als seien sie Spielverderber oder gar auf Autorität versessen. – Auf diese Weise werden die Seele und die Widerstandskraft aller Jungen allmählich mürbe. Sie werden aufsässig und können es schließlich nicht mehr ertragen, wenn man nur ein klein wenig Unterordnung von ihnen verlangt. Am Ende verachten sie dann auch die Gesetze, weil sie niemand und nichts mehr als Herr über sich anerkennen wollen. Und das ist der schöne, jugendfrohe Anfang der Tyrannei!" –

Wenn den Kindern im Unterricht dann gar noch der Eindruck vermittelt wird: die Erwachsenen verstehen euch nicht, sie sind eure Gegner, gelingt es den Kindern nicht mehr, vertrauensvoll auf sie zu hören. Die Forderung nach kritischer Verurteilung derer, die über ihnen sind, zerstört das Vertrauen in diese Bezugspersonen, das die Jugendlichen noch dringend nötig haben. Sie verhindert die Entstehung von Ehrfurcht und Respekt vor den Leistungen und der Lebensart jener Vorbilder. Sie verhindert, daß Orientierungsmarken entstehen, nach denen der Jugendliche sich ausrichten kann. Die Behinderung einer solchen zugkräftigen Leistungsmotivation bei den Jugendlichen bedeutet geradezu geistige Behinderung; denn die Jugendlichen ruhen im allgemeinen noch nicht in sich selbst. Die Aufgabe dieser Altersstufe besteht darin, nach Wegen zur Selbstfindung zu suchen. Die Prokrustesvoraussetzung, daß sie Weisheit und Souveränität bereits zu haben hätten, bedeutet Vergewaltigung gerade der jungen Generation. Die Mündigkeitserklärung für die Achtzehnjährigen setzte dieser überfordernden Tendenz die Krone auf. Denn für viele von ihnen bedeutet es eine Versuchung, in unreifer Weise Emanzipation von den Eltern zu ertrotzen, deren Verpflichtung zum Unterhalt der Mündiggewordenen aber dreist weiter auszunutzen. Das fördert echtes Mündigwerden nicht, sondern legt die Gefahr der Regression nahe. Der Auszug der Jungen aus dem Elternhaus an ihrem 18. Geburtstag, der oft gleichzeitig damit begonnene Einstieg in eine Vorehe ohne Trauschein, hat – wie die Erfahrung der letzten Jahre gelehrt hat – viele neue Nachteile für die jungen Menschen erbracht. Häufig hat das zur Folge, daß vor allem die jungen Männer viel mehr Zeit benötigen, um zu einem Abschluß ihrer Ausbildungen und damit zur materiellen Unabhängigkeit zu kommen. Das ist im Grunde die Konkretion einer alten Erfahrung: Daß ein allzu warmes Nest Leistungsfähigkeit und -impetus generell erschwert.

Auch die selbstverständliche Forderung nach einem geregelten Geschlechtsleben wirkt sich auf die Jugendlichen behindernd aus. Dieser Trend ist mit besonders viel Nachdruck und Rasanz bisher in Schweden durchgeführt worden. (R. Huntford) „Die neue Schule hat keine Angst vor 13-jährigen Beischläfern" schrieb der schwedische Abteilungsleiter für Sexualerziehung in der schwedischen Aufsichtsbehörde für das Schulwesen schon vor vielen Jahren. Das Ausmaß des kollektiven Unglücks wurde groß und ist deshalb auch hier beträchtlich, weil die eigentliche Aufgabenstellung der Pubertät und der Adoleszenz: die Ich-findung und die Wertfindung zu wenig gelebt, generell der Aufschub von Triebabfuhr zu wenig geübt wird. Das mindert die Möglichkeit zur Sublimierung der vitalen Triebkräfte und dezimiert die Fülle der Variationen menschlichen und durchgeistigten Liebens durch die Reduktion allein auf den sexuellen Vollzug. Das behindert generell die spätere Entfaltungsfähigkeit und hat infolgedessen viel dumpfes Unglücklichfühlen zur Folge.

Ein Großteil der Glücksgefühle des Menschen entsteht in der Vorstellung, zu einem lohnenden Ziel auf dem rechten Weg zu sein. Sehnsucht ist der Motor der Schöpfung. Jede zielvolle Tätigkeit trägt deshalb lustvolle Valenzen. Die sexuelle Libertinage für Jugendliche, die auf dem Boden des Gleichheitswahns entstanden ist, schaltet die Suche nach dem einen erstrebten Hauptteilziel des Lebens aus: nach harter Mühsal sein Mädchen heimzuführen. Heute hingegen ist meist sehr rasch zu haben, was man sexuell begehrt. Die rasche Triebsättigung aber führt generell keineswegs ins große Glück, sondern zu lebensmüdem Überdruß. Das ist vermutlich auch die Erklärung dafür, daß, wie die völkervergleichende statistische makropsychologische Untersuchung von Fuchs, Gaspari und Millendorfer zeigt, in allen Ländern, in denen Frühsexualisierung zum erlaubten Lebensstil geworden ist, der Selbstmord in jungen Jahren korrelierend dazu rapide ansteigt.

Die kollektive Gefahr, die daraus resultiert, daß viele Jugendliche aufgrund der Fehlvorstellung ihrer Erzieher vom raschen Glück ihrer Sprößlinge zu schweren existentiellen Fehlhaltungen gebracht werden, ist evident. Sie bedeutet nicht nur Gefühlsabstumpfung und -verarmung durch die Sinnentleerung der Sexualität und als Folge der Überstimulation, sie bedeutet Reduktion des Geistes, des Intellekts und der schöpferischen Phantasie; sie bedeutet darüber hinaus die massive Verstärkung einer allgemeinen Bindungslosigkeit in den Beziehungen unter den Erwachsenen. Denn die dem jungen Erwachsenen natürliche Verknüpfung von Liebe und Sexualität erst am Ende und als Krönung einer langen Suchwanderung oder eines entbehrungsreichen Werbefeldzuges ist ursprünglich ein starkes Zugmittel für die Dauerhaftigkeit der Beziehung. Die Dauer der Ehe aber erhöht die Chance, daß die aus der Verbindung hervorgehenden Kinder in der Geborgenheit und dem Schutz eines Nestes aufwachsen können, ohne den die seelische Gesundheit des Heranwachsenden unweigerlich dezimiert wird.

II. Die Egalisierung von Mann und Frau

Besonders groteske Formen nimmt der Trend zur Angleichung in bezug auf die Geschlechter an. Wie gesagt: das Klischee des Prokrustes ist nicht absolut androgyn: Er fordert vielmehr den Typ des mit patenter Rationalität ausgestatteten Mannes für beide Geschlechter. Die Prokrustesforderung heißt deshalb auch nicht eigentlich: Männer und Frauen sind total gleich, sondern: Ihr Frauen habt Euch dem Lebensstil und den Verhaltensweisen des Mannes anzugleichen. Das führt deshalb zu besonders gefährlichen Formen des Unglücks bei beiden Geschlechtern, weil die polare Spannung zwischen Mann und Frau einer der beglückendsten Aspekte im Bereich von Liebe und Erotik ist. Die Angleichung verlangweilt – ein besonders trüber Sadismus des modernen Prokrustes.

Der Weg in dieses Feld führt also über eine Angleichung der Frau an den Mann, der durch Lebensveränderung und Veränderung in der Erziehung der Frau einzuschlagen ist. Der marxistische Psychologe Ernest Bornemann (Salzburg) schreibt: „Die Befreiung der Frau kann nur durch die Befreiung von der Geschlechtlichkeit erfolgen... Drei biologische Benachteiligungen bleiben vorerst noch erhalten: Menstruation, Schwangerschaft, Verwundbarkeit der Mammae. Ehe wir nicht alle drei beseitigt haben, kann es keine Gleichheit der Geschlechter geben. – Jene ‚unüberwindlichen Schwächen‘ der Frau, die Menstruation und die Schwangerschaft, werden überwunden werden. Welche Form die Fortpflanzung des Menschen in einer klassenlosen Gesellschaft nehmen wird, vermag heute niemand zu sagen. Ob es durch biochemische Hilfsaggregate möglich werden wird, den menschlichen Samen außerhalb des Mutterleibes aufzuziehen, oder ob durch Umbildung der Gattung eine ungeschlechtliche Fortpflanzung stattfinden wird, ist nicht voraussagbar" (E. Bornemann).

Auf diesem Wege, der zunächst unsinnig anmutet, ist Prokrustes aber de facto bei uns schon wacker vorangeschritten. Ein Teil der jungen Mädchen ist bereits so dürr, daß Menstruation und Fortpflanzungsfähigkeit ganz von selbst ausfällt. Viele junge Mädchen fangen an zu hungern, um „up to date" zu sein, viele bringen sich um den schönen Spaß der Jugend, noch unbeschwert essen zu können, ohne dick zu werden. Statt dessen wird wie in einem Gefängnis, auf Minimalnahrungsaufnahme gesetzt, nach Kalorientabelle gegessen und mit einem strengen Kontrolleur gelebt: der Waage im Badezimmer. Ein großer Teil unserer emanzipierten Mädchen nutzen ihre Freiheit von der behütenden Gängelei durch die Eltern vergangener Generationen, um sich freiwillig in eine unerbittliche Diktatur, in Abhängigkeit und Unterdrückung zu begeben: in den Hungerzwang! Wer aber zwingt sie? Ach, sie merken es meistens nicht, sonst würden sie, so hoffe ich, erschreckt aufwachen: Sie, die modernen Mädchen, die sich so befreit erleben, erliegen dem mächtig in ihnen wirkenden Nachahmungstrieb! Also nichts von Individualität, nichts von persönlicher Nuance! Was in diese Hungerfron treibt, ist das Bedürfnis mitzuhalten, genau das gleiche zu tun wie die anderen; denn der Diktator Modetrend befiehlt: Das ist „schick"! Und schick will eben das junge Mädchen sein.

Aber warum ist es schick? Das Ideal der Angleichung der Frau an den Mann hat – erstmalig in der Geschichte – bewirkt, daß das Schönheitsideal nicht mehr den natürlichen weichen Körperformen der Frau entspricht, sondern männliche busenlose Dürre vorschreibt. Auf diese Weise haben wir es geschafft, daß immer mehr der bundesdeutschen jungen Mädchen zwischen 16 und 21 Jahren unterernährt sind. Nun könnte man die ganze Angelegenheit freilich mehr als ein belustigendes Phänomen nehmen; aber leider hat der Spaß längst aufgehört. Das hungernde Mädchen bekommt eine „Notstandsamenorrhoe", der Monatszyklus versiegt. Viele unserer heutigen Mädchen merken das gar nicht. Sie merken es dann nicht, wenn sie die „Pille" nehmen, die in künstlichem Automatismus die Abzugsblutung erzwingt. Erst wenn sie die „Pille" weglassen, stellt sich heraus, daß sie keine Monatsblutung mehr bekommen. Die lustvolle Vision von Ernest Bornemann ist heute der Verwirklichung in der Tat bereits ganz nahe. Denn dies ist gewiß: nur die Ablösung von der Mutterschaft kann für die Frau die Voraussetzung für die Angleichung an den Lebensstil des Mannes schaffen. Nur die Unabhängigkeit von der Mutterschaft kann die Selbständigkeit durch Berufstätigkeit und Eigenkarriere der Frau bewirken. Auf diesem Wege sind wir in den letzten Jahren mit Rasanz vorangeschritten: Deutschland ist mit 1,4 Kind pro Familie zum geburtenärmsten Land der Welt avanciert. Es ist nur konsequent, daß unser Zeitgeist diese Folge hat; denn die Angleichung der Familienmutter an die Lebensweise des Mannes erweist sich so sichtbar als qualvolle Halbheit, daß es zwingend nötig ist, in Zukunft im Sinne von Bornemann kompromißloser zu werden. Die Berufstätigkeit der jungen Familienmutter brachte nämlich viel rasch erkennbar werdendes Unglück: denn die unpersönliche, inkonstante Betreuung der Kinder von ihren ersten Lebensjahren an bekommt ihnen nicht. Kleinkinder sind auf ihre Mutter, mindestens aber auf eine Amme angewiesen; sie werden sonst, vor allem in der Säuglingszeit, nicht muttersatt, und das bewirkt, daß sie schwererziehbare, anspruchsvolle und antriebsschwache, meist extrem aggressive Wesen werden, die spätestens im Jugendalter, oft aber schon lange vorher sich und ihrer Umwelt das Leben zur Hölle machen. Die Folge: zermürbendes Leid im Leben der Familien. Darüber hinaus führt ein generalisierter Erziehungsstil dieser Art zu einer Schwächung der seelischen Stabilität. Sozialistische Länder, die längere Zeit die Frauen gleichgeschaltet haben, pflegen sich von diesen ihren verwirklichten ideologischen Programmen nach einigen Jahrzehnten wieder abzusetzen – genötigt von der Tatsache, daß Aggressivität, Bindungs- und Leistungsschwäche in einem gigantischen Ausmaß zunahmen (Sowjetunion, DDR, Schweden!). In der Bundesrepublik ist man weit davon entfernt, solche Konzession zu machen – Prokrustes wirkt hier wesentlich konsequenter und radikaler. Wir sind dabei, den Typ der sachlichen Frau, im Grunde aber das Mann-Weib, neu zu proklamieren. Mit dieser Frau kann man zwar diskutieren, man kann sich mit ihr auseinandersetzen und sich gegenseitig analysieren. Nur hat der Mann vor einer solchen verbal superschlauen Frau häufig eine solche Angst, daß er so weit wie möglich auf Distanz geht; nur ist die Intellektualisierung von Lebensvollzügen auf die Dauer so blutleer, daß viele Paare ihr eigentlich problemloses Zusammenleben ohne Trauschein als öde erleben. Da keine Kinder mehr geboren werden, verringert sich auch die Notwendigkeit zur Dauerbindung, so daß die bindungslose Wechselehe zur Mode zu werden beginnt, zu einer Mode, die die Bindungslosigkeit auf ihr Banner hebt.

Bindungslosigkeit – so hat die Erfahrung gelehrt – kann vorübergehend als eine Lebenserleichterung erlebt werden. Sie führt aber als Lebensstil zu einer gefährlichen Verflachung, weil das Durchstehen von Unabänderlichkeiten als ein Stimulans zur Reife chronisch ausfällt. Das chronische Ausweichen vor Unlust führt auf die Dauer zu einer Minderung in der Fähigkeit, Lust und Freude zu erleben. Glück als Gefühlsrealität ist nur im Kontrast erfahrenen Unglücks erlebbar. Deswegen ist der Mensch, der der Dunkelheit ausweicht, nicht in der Lage, Helligkeit bewußt zu erleben. Die Gewöhnung an rasch genossenes Glück beschwört die Gefahr herauf, die Fühlfähigkeit für Freude generell einzubüßen. Das Ausweichen vor dem Durchstehen von Lebenskonflikten als Paar oder als Familie führt auf dem Boden der Egalitätsideologie auch hier zum Unglücklichwerden des Menschen.

Exkurs: M. E. bedarf es an dieser Stelle noch einer spezifischen Erörterung. Das Postulat: Der Mann und die Frau seien von Natur total gleich, wird heute mit besonders hektischer Rasanz vorgetragen. Man betont: Unterschiede sind alle nur scheinbar! Zwar stimme es, daß die Frauen zur Zeit noch anders seien als die Männer, aber das sei keineswegs eine natürliche, angeborene Gegebenheit der Art Mensch; die eigentlichen, die wesensmäßigen Unterschiede seien lediglich durch die Umwelt künstlich hineindressiert. Denn man habe die Frau durch Generationen und Generationen hindurch einer ganz gemeinen Verformung ausgesetzt. Man nötigte sie, mit Puppen zu spielen, man hinderte sie, Spaß an Autos und Kriegsgerät zu haben, man drückte ihr vom fünften Lebensjahr an den Besen und den Staubwedel in die Hand, man drängte sie zu Hilfsleistungen im Haushalt, während man den kleinen Sohn zum Pascha hochstilisierte. So wird er in seine Herrschaftlichkeit, in seine Vorrangstellung, in sein überwertiges Gefühl von Privilegiertheit hineingenötigt – wird vorgezogen und vorerzogen zum Frauenschinder, Sklavenhalter, Hausgottspieler im Popanzpatriarchat – so geht die Rede.

Nun, in dieser Argumentation ist gewiß mehr als ein Körnchen Wahrheit: Es gehört ganz gewiß zu den beschämenden

Kapiteln abendländischer Geschichte, daß es zum Beispiel gewissermaßen zum Recht eines Ehemannes gehörte, seine Frau nach Lust und Laune willkürlich schlagen, körperlich mißhandeln zu dürfen. Es ist für mein Gefühl ein beschämendes Kapitel der Rechtsgeschichte, daß die jederzeitige Bereitschaft zum Geschlechtsverkehr zur ehelichen Pflicht der Frau erhoben werden konnte (so daß die Vergewaltigung im ehelichen Schlafzimmer gewissermaßen legalisiert war). Es ist in der Tat eine durch nichts gerechtfertigte Anmaßung von Männern zu glauben, sie seien die Götter – und die Frauen ihre zur Tempelprostitution angestellten Bediensteten. Diese Form von Patriarchat, diese Form von Überheblichkeit ist gewiß ein gefährlich heidnischer, ja sündhafter Irrweg, aus dem es ganz gewiß wieder herauszufinden gilt. Aber der richtige Weg, der gefunden werden will, hat doch vor allem eine Voraussetzung: daß der Mann die Frau als ein gleichwertiges Wesen, als seine Gefährtin achten lernt, daß er sie annimmt in ihrer Besonderheit, ihrer geringeren Körperkraft, ihrer Schutzbedürftigkeit als Familienmutter; daß die Frau sich selbst verstehen lernt als etwas Gleichwertiges, ja gerade für den Mann unumgänglich Nötiges und Erstrebenswertes, daß die Frau in fröhlicher Selbstgewißheit sich ihres Wertes mehr bewußt wird; daß Mann und Frau begreifen, daß sie als Menschenpaar gemeinsam einen großen Lebensauftrag haben in dieser Welt. Am Anfang eines solchen richtigen Weges muß eine Einstellungsänderung gegenüber der Frau stehen, müßte der Götze Mann vom Thron herunter, sollten beide sich verstehen als gemeinsame Arbeiter am Leben, die meist doch sehr unterschiedliche Aufgaben zugeteilt bekommen haben.

Aber von einer solchen Einsicht und Umkehr ist zur Zeit im Trend unseres Zeitgeistes noch nicht viel zu sehen. Mit rasantem Haß auf alles Unterschiedliche wird die Tatsache, daß es gewiß Mißbrauch der Frau im Popanzpatriarchat zuhauf gegeben hat, als Argument zum Marsch in die totale Angleichung benutzt.

Sind alle diese Bestrebungen aber nicht vielleicht doch echte Progression, echte Emanzipation? Was wäre dagegen einzuwenden? Es wäre gar nichts dagegen einzuwenden, wenn die Grundvoraussetzungen stimmen würden, wenn Mann und Frau wirklich gleich wären, wenn man nicht auch hier einen Wunschtraum an die Stelle einer Wirklichkeit setzte! Die Angleichung verhilft der Frau keineswegs zu einer natürlichen Verwirklichung autochthoner Bedürfnisse, sondern sie vergewaltigt ihre spezifische Eigenart, sie nötigt sie zu weit von sich fort und bringt ihr und der Menschheit damit keineswegs Glück, Fortschritt und Zufriedenheit, sondern Unglück, Aggressivität und Zerstörung. Daß das so ist, liegt vor allem daran, daß Frauen und Männer eben nicht nur physisch, sondern auch psychisch bereits angeborenerweise erheblich verschieden sind. Zu den schon in großer Zahl vorliegenden Forschungsergebnissen älteren Datums, die das beweisen, gibt es neue Arbeiten, die darüber Auskunft geben. Heide Sbrzesny, eine Schülerin des Verhaltensforschers Eibl-Eibesfeldt, hat das Verhalten der kleinen Jungen und Mädchen der Ko.-Buschleute studiert und kommt zu dem Schluß: Obgleich die Kinder durch die Erwachsenen nicht im mindesten beeinflußt werden, zeigen sie bereits im vierten Lebensjahr unterschiedliche Interessen. Eibl-Eibesfeldt schreibt dazu: ,,Meist finden sich gleichgeschlechtliche Kinder zusammen. Nur in 14% der Fälle spielten Knaben und Mädchen in gemischter Gruppe. Das hängt mit unterschiedlichen Spielinteressen zusammen. Knaben ergehen sich mehr in spielerischen Balgereien und Verfolgungen (16% gegenüber 6,2% bei Mädchen), sie sind mehr an technischen Spielen interessiert (45% gegenüber 4%), und Kampf- und Wetteiferspiele nach festen Regeln machen 15% ihrer Spieltätigkeit aus, bei Mädchen dagegen nur etwa 7%. Dafür spielen diese mehr kooperative Spiele, von denen das Melonentanzball-Spiel rund 50% ihrer Spieltätigkeit ausmacht. Da keinerlei Sozialdruck die Kinder in spezifisch weibliche oder männliche Richtung preßt, müssen die Kinder ihre Geschlechterrolle aufgrund von Neigung und freiwilliger Identifikation mit der gleichgeschlechtlichen Rolle übernehmen. Daß angeborene Interessenunterschiede vorliegen, dafür sprechen auch die Auswertungen von Buschkinderzeichnungen. Als man ihnen das erste Mal zeigte, wie man zeichnen und malen kann und sie dann frei schaffen ließ, da malten Jungen unsere technischen Geräte (19 % der Darstellungen gegenüber 1 % bei Mädchen), Mädchen dagegen malten vor allem Blumen. Die heute oft zitierte Behauptung von Margaret Mead, die Geschlechtsrollen würden ausschließlich durch Erziehung geprägt, es gäbe da keine vorgezeichnete ‚Natur‘, muß wohl ein wenig revidiert werden."

Alle differenzierenden Mütter von Zwillingspärchen, die ich befragte, gaben höchst ähnliche Auskünfte. Selbst wenn die Umwelt sich betont zurückhält in der Beeinflussung, zeigt der Junge bereits im zweiten Lebensjahr sehr viel expansivere Interessen als das Mädchen. Daß diese Unterschiede nur sehr schwer löschbar sind, ja sich im Grundschulalter und in der Pubertät deutlich differenzieren, ist in vielen Interessenuntersuchungen an Schulkindern bereits in den dreißiger und vierziger Jahren dieses Jahrhunderts nachgewiesen worden. Kürzlich haben in den USA Psychologen festgestellt: „Es gibt erhebliche Begabungsunterschiede zwischen Jungen und Mädchen. In Mathematik, Naturwissenschaften und Sozialkunde bleiben die Frauen das schwache Geschlecht. Dafür sind sie musikalischer und schreiben bessere Aufsätze. Die Nationale Bildungsförderungsgesellschaft in Washington legte eine Studie vor, aus der hervorgeht, daß Jungen ab dem 9. Lebensjahr in ihren Lernleistungen die Mädchen hinter sich lassen. Der Analyse liegen sechsjährige Längsschnittuntersuchungen mit Tests an vier Altersgruppen von insgesamt 80 000 jungen Amerikanern und Amerikanerinnen zugrunde. Sie wurden jeweils im Alter von 9, 13, 17 und 26 bis 35 Jahren auf ihre Lernerfolge und Kenntnisse in acht verschiedenen Fächern untersucht. Dabei ergab sich, daß sich Lerneifer und Erfolg bis zum 9. Jahr bei Jungen und Mädchen die Waage halten. Dann jedoch ziehen die Buben davon. Am deutlichsten war der Vorsprung der erwachsenen Männer in Mathematik, Physik und Chemie, während die Frauen nur bei Biologie mithalten konnten. Ebenso deutlich distanzierten die Männer das weibliche Geschlecht in der Kenntnis ökonomischer, politischer, geographischer und historischer Zusammenhänge. Dabei hatten die Mädchen in der

Disziplin ‚Leben' noch bis zum 13. Lebensjahr einen sicheren Vorsprung sowohl was die Schnelligkeit wie das Verständnis angeht. Über sämtliche vier Altersgruppen behielten sie ihre Vorherrschaft sowohl in theoretischen Kenntnissen wie praktischer Ausübung der Musik."

Damit ist nun ganz gewiß nicht bewiesen, daß Männer grundsätzlich intelligenter sind als Frauen; ich möchte vielmehr vermuten: Die Fähigkeiten der Frauen sind ohnehin kaum „testmäßig" hinlänglich erfaßbar. Das nach den Gütekriterien der Testkonstruktion Erfaßbare ist grundsätzlich rational bedingt, und das eben ist nicht die Domäne der Frau.

III. Die Egalisierung der Lebensweise

1. Die Klugen müssen dumm gemacht werden

Zu Unglück durch Leugnung der Unterschiede kommt es aber nicht nur bei den verschiedenartigen Begabungen von Mann und Frau. Die geleugnete Tatsache, daß unsere Machbarkeit durch vorgegebene Begabungsunterschiede begrenzt wird, führt generell zu einer Vereinheitlichung der Bildungsgänge. Nicht pädagogische Erfahrung, nein der Geist des Prokrustes ist es, der gegen alle Lehrerwirklichkeit die größtmögliche Vereinheitlichung der Schulsysteme erzwingt. Die Großschule für Grundschüler ist nur scheinbar besser für 6- bis 10jährige. Nur scheinbar ist sie vorzuziehen, weil das „Bildungsangebot" dort umfänglicher gestaltet werden kann. In Wirklichkeit werden Lehrer und Kinder sehr häufig zu Leidenden. –

Erstens weil durch die Vermassung und Spezialisierung des Unterrichts die Überschaubarkeit verlorengeht und damit

zweitens die Möglichkeit des individuellen Kontakts zwischen Lehrern und Kindern,

weil drittens die Anfahrtwege für die kleinen Kinder zu lang und kräfteverschleißend sind und

weil viertens Kinder in der Masse keineswegs automatisch glücklich und geborgen sind, sondern im Gegenteil sehr rasch vereinsamen und sich schutzlos ungeborgen fühlen.

Aus der Tendenz zur Vereinheitlichung ist auch die Idee der integrierten Gesamtschule geboren worden, die, wie Gespräche mit Kindern lehren, diese aber nur selten von Konkurrenzkampf und Leistungsstreß befreit; denn das Kurssystem der Orientierungsstufe unter dem gleichen Schuldach führt eher zu einem verstärkten Sichtbarwerden der Unterschiede, als das in der Stufenschule der Fall sein konnte. Grundsätzlich läßt sich konstatieren: Je mehr alle Kinder über einen Kamm geschoren werden, um so mehr erniedrigt sich das Gesamtniveau, um so mehr sind die leistungskräftigen Kinder unterfordert, die leistungsschwachen Kinder überfordert. Der eine Kamm ist um so unangemessener für die so verschieden begabten Kinder, als die Schule durch die Angleichung an das Prokrustes-Klischee im Grunde allein einem einzigen Begabungstyp gerecht wird: nämlich dem extravertierten intellektualistischen Theoretiker. Denn die Schule bevorzugt in ihrem Stoff weitgehend die theoretische Wissensvermittlung, wobei naturwissenschaftliche und soziologische Inhalte sehr viel mehr dominieren als die, die musischen, handwerklichen und sozialen Begabungen gerecht werden. Damit zwingt die Schule gewiß weit mehr als die Hälfte aller Schüler in eine Ausrichtung, die ihren Begabungen weniger entspricht. Aus unerfindlichen Gründen züchtet die Schule den redegewandten, im Grunde altklugen Intellektuellen, statt dem Kind die Möglichkeit zu vermitteln, seinen spezifischen Begabungen zur Entfaltung zu verhelfen. Der Studienrat H. J. Schmelzer schreibt im Hinblick auf die Einführung der kooperativen Gesamtschule in Nordrhein-Westfalen in einem offenen Brief (Die Welt vom 14. 3. 1977) an den Kultusminister Girgensohn: „In der von Ihnen geplanten Kooperativen Schule wollen Sie die Jahrgangsstufen 5 und 6 von dem Gymnasium abtrennen und in eine „schulformunabhängige' Orientierungsstufe stecken. Dazu kann Ihnen ein Schulpraktiker nur sagen: Dieses neue Gesetz wird dazu führen, daß keine soliden Klassengemeinschaften mehr entstehen können. Periodische Leistungstests treiben 4 bis 9 Parallelklassen schon nach wenigen Wochen wie Jungvieh auseinander, man teilt sie neu in die vorgesehenen Stallungen auf, um sie nach kurzer Zeit wieder durcheinander zu wirbeln (Modell I). In ebenso geringen Abständen wechselt für viele Schüler auch der Lehrer, den man künftig ohnehin durch Roboter ersetzen kann, da er ungeachtet seiner individuellen Veranlagung wie die Kollegen der 8 Parallelklassen in gleicher Stundenzahl den gleichen Stoff mit gleicher Methode durchpauken muß.

Was wollen Sie mit dem Massenpferch Tausender Schüler ‚unter einem Dach‘ eigentlich erreichen? Chancengleichheit? Wofür? Was haben Sie da denn überhaupt auszuteilen? Wurde unter Ihrer Amtszeit nicht Bildungsgut mit Lastzügen auf den Kehricht gefahren? Nach fast sechs Jahren Gymnasium wissen Sekundaner über Geschichte so wenig Bescheid, daß man der ganzen Klasse in einem Religionsgespräch erklären muß, wer Martin Luther gewesen ist! Viele haben während ihrer ganzen Schulzeit kein einziges Gedicht gelernt, kennen weder Schiller noch Goethe. Rechtschreibung, Aufsatzerziehung, Grammatik, klassische Dichtung, Sprachgeschichte – was wurde in Ihren Unterrichtsempfehlungen Deutsch, Sekundarstufe I, nicht alles bloß ‚am Rande‘ oder überhaupt nicht ‚diskutiert‘! Inzwischen sind viele Lehrer trotz unterschiedlichen Studiums für den Unterricht austauschbar geworden, weil in Fächern wie Sozialkunde, Politik, Religion, Deutsch, Erdkunde, Philosophie die gleichen Standardthemen wie Umweltverschmutzung, Werbung, Rassenprobleme, Kommunikation durchgekaut werden. Die Schüler dämmern über ihren Tischen vor sich hin. Statt ihnen für Studium und Beruf ein brauchbares Rüstzeug mitzugeben, stehlen wir ihnen die Zeit…

Ihr aufwendiges Werbeplakat für das neue Gesetz ‚Schule unter einem Dach‘ zeigt uns einen frischen kleinen Pennäler mit – Kopfhörer. Nichts spiegelt deutlicher die drohende Gefahr Ihrer Schulpolitik: Die Muschel des Kopfhörers, angeschlossen an eine Apparatur von Schnüren, Knöpfen, Tasten, roten Lichtern, schiebt sich zwischen das Kind und seinen Lehrer, obgleich es durch den unmittelbaren Kontakt zu ihm hundertmal besser lernt. Genau auf diesen engen menschlichen Bezug zwischen Lehrendem und Lernendem scheinen Sie es besonders abgesehen zu haben, sonst würden Sie nicht alles erfinden, um ihn zu vernichten: Quadergebirge aus Beton und Glas, anonymer Kursbetrieb mit wimmelnden Schülermassen, Fließbandabfertigung – möglichst ganztags, zentralgesteuertes Unterrichtsprogramm und computergetreue Punktewertung, die beide den Lehrer durch technisches Gerät ersetzbar machen. Menschliches Miteinander wird dieser Ameisenwüste für hirnbegüterte Zweibeiner so fremd sein wie der Lufthauch einer Landschaft auf dem Mond."

Diese Diktatur zur Schulgleichheit ist besonders mißlich, weil – wie der Numerus clausus zeigt – für diesen in so vielen Exemplaren mühsam und unzureichend hochgetrimmten Begabungstyp keineswegs genug Ausbildungsplätze zu einem Beruf vorhanden sind und weil man durch zu viel theoretische Forderung den praktisch Begabten in einer gefährlichen Weise den Weg zu einem Lehrabschluß sinnlos erschwert. Die vielen Auszubildenden, die ungelernte Arbeiter bleiben, weil sie der Theorie in den Berufsschulen nicht gewachsen sind, sind in der Tat unterprivilegiert, so daß sich berechtigterweise ihr Haß auf die Privilegierten verstärkt.

Ebenso ist es mit der Erschwerung der Ausbildungsbedingungen für die künstlerisch Hochbegabten. Oft sind besonders sie mit der Fähigkeit zu abstrakt-logischem Denken nur mäßig ausgestattet. Sie versagen in unseren Schulen oft schon vor der mittleren Reife. Aber dann gibt es kaum eine Möglichkeit, die Spezialbegabung auszubilden. Alle Hochschulen, die die Berechtigungsscheine zu einem doch auch notwendigen Brotberuf vermitteln, erwarten das Abitur und damit als Voraussetzung Jahre der Begabungsfrustration, die häufig den Tod der Kreativität und ein Resignieren dieser sensiblen Jugendlichen bedeutet.

2. Die Schwachbegabten sollen klüger werden

Aber nicht nur beim Abhacken der Begabungshöhe ist Prokrustes eifrig. Die Tendenz zur Überstreckung der Schwachbegabten ist ebenfalls bereits auf den Plan getreten. Noch dürfen unsere Geistig-Behinderten die oft vorzüglichen Sonderschulen besuchen – aber der Trend, auch sie wieder in die Gesamtschule zu integrieren, besteht immerhin schon. Die Gefahr, das geistige Gesamtniveau weiter zu senken, ist damit ebenso gegeben wie die Gefahr der Überforderung dieser Kinder. Ihrer Sondersituation nicht spezifisch begegnen zu wollen, heißt, diesen Kindern nicht gerecht zu werden und sie unglücklicher zu machen.

3. Kinder müssen familienlos sein

Aber auch in anderer Hinsicht möchte der räuberische Geist des Prokrustes die Lebensweise vereinheitlichen. In diesem Zuge bildet das Vorhandensein von Familien einen besonders sperrigen Stein des Anstoßes; sogar in einem Entwurf zum Parteitag der SPD 1973 wird die Erziehung durch die Familie bemängelt, weil es durch die Fixierung des Kindes auf einen kleinen Personenkreis zu einer schichtenspezifischen Festlegung des Kindes komme. ,,Das bringt es mit sich, daß Familien noch immer nachhaltig zum Fortbestand der Ungleichheit in der Gesellschaft beitragen'', heißt es dort. Wie der zweite Familienbericht des Ministeriums für Familie, Gesundheit und Sport unter Katharina Focke dann auch deutlich werden läßt, sollte deshalb das Bestreben der Regierung darin bestehen, die Eltern-Kind-Beziehung ,,aufzubrechen'', damit die Erziehungspraxis ,,transparenter'' und ,,kontrollierbarer'' und so ,,die Fixierung des Kindes auf die beiden Elternpersonen relativierbar wird.'' Im gleichen Atemzug wird folgerichtig die Entfamilisierung durch das Tagesmütterprogramm für Säuglinge, durch die Betonung der Ausdehnung der Verschulung bis ins Vorschulalter hinein gefeiert. Damit die ,,Ungleichheitseffekte der Familie'' sich noch weiter zurückdrängen lassen, empfiehlt die Kommission den Ausbau von Ganztagsschulen. Und ebenso eindeutig wird empfohlen, daß ,,nicht legalisierte Partnerschaft, Wohngemeinschaften, Kollektive usw. gegenüber der historischen Form der heutigen Normalfamilie nicht benachteiligt werden dürfen''. Auch dieses erscheint nur allzu folgerichtig: Wer diese Gesellschaft von Ungleichen in eine Gesellschaft von Gleichen verwandeln will, muß das Erleben von Familie beseitigen, weil es die Voraussetzung zur Individualität bildet. Der Soziologe Helmut Schoeck führt zu dieser Entbindung aus der Familie in seinem Buch „Schülermanipulation" folgendes aus:

„Alle Einflüsse, alle Prägungen, alle Gefühlslagen, alle Vorlieben und Abneigungen, die sie aus der eigenen Familie mitbekommen haben, sollen vom ersten Schuljahr an bzw. im Kindergarten und in der Vorschule systematisch verdrängt werden, um das einheitliche ‚sozialistische Bewußtsein' bei ihnen zu erzeugen … vom ersten Grundschuljahr an, womöglich auch schon in Vorschule oder Kindergarten, soll das Kind die Bindung an die in seinen ersten Jahren gewonnenen Bezugspersonen verlieren. Eltern, andere nahe Verwandte, ältere Geschwister, klassische Kinderbuchautoren und ihre Romanfiguren, zu all diesen die bis dahin vertrauensvolle Beziehung zu kappen gilt als die vordringlichste Aufgabe des emanzipatorischen Unterrichts. Was immer diese vorschulischen Personen in der Umgebung des Kindes geschätzt, geachtet und an Regeln eingehalten haben, soll jetzt in Frage gestellt werden, soll als abgetan, als Ballast erscheinen. Und das einzige, worin sich das Kind von nun an, jedoch immer nur vorübergehend, aufgehoben fühlen soll, ist die vom Lehrer jeweils zusammengestellte Gruppe. Sich der schwankenden Gruppengunst, die jederzeit in Mißgunst umschlagen kann, zu erfreuen, soll das Ziel eines jeden Kindes werden. Sich vor der Gruppe (Klasse) bloßgestellt zu erleben, soll als normaler Vorgang bei jedem Lernen hingenommen werden. Die einzige Belohnung nach dem niederschmetternden Erlebnis des Entzugs der Gruppengunst wird es sein, sich später an der Gruppenhatz auf Abweichler beteiligen zu können … Die linke Schülermanipulation versucht nicht nur (wozu sie auch kein Recht hätte) unsere Kinder von einer bestimmten vergänglichen und verhaßten ‚Gesellschaftsform' abzulösen, sondern sie versucht, die seelischen Orientierungsmöglichkeiten der Schüler zu zertrümmern, die sie, ganz unabhängig von der ‚kapitalistischen' oder ‚bürgerlichen' Gesellschaft, brauchen, um überhaupt gute Mitmenschen zu sein."

Es ist gewiß notwendig, diese Entlarvungen durch den Soziologen Helmut Schoeck, die er sauber belegt, sehr ernst zu nehmen; denn eine Schülergeneration, die auf diese Weise zusätzlich systematisch „ent-vatert" wird, fällt um so leichter einer autoritativen Machtergreifung zum Opfer. Es gibt keine historische und ethnologische Studie, die in der Lage wäre zu beweisen, daß ein Staat ohne eine Basis intakter Familien in der Lage ist, existenzfähig zu bleiben. Im Gegenteil: Alle vergleichenden völkerkundlichen Untersuchungen bestätigen, daß eine gründliche, sehr individuelle Geborgenheit des Kindes in seiner Familie eine wesentliche Voraussetzung zu späterer seelischer Stabilität und Gesundheit darstellt. (Fuchs, Gaspari, Millendorfer)

Es darf nicht übersehen werden, daß man hier abermals weit über die Möglichkeit von Wirklichkeit hinausgeht. Denn Kinder ohne Primärerlebnisse von Bindung sind zu echter Gruppenbildung später nur sehr schwer zu bringen, weil dies ein Minimum von Anpassung voraussetzt, zu der so schwer neurotisierte Menschen, wie sie durch Frühkollektivierung entstehen, meist nicht fähig sind. Der Trend des Prokrustes zur Kollektivierung der Kleinkindererziehung ist also besonders gefährlich, besonders unrealistisch, aber auch besonders glücksmindernd, denn er zerstört durch Neurotisierung oft eine spätere konstruktive Lebensgestaltung derjenigen Menschen, die in den Sog dieses Zeitgeistes geraten.

4. Die Reichen müssen arm sein

In die Egalisierungstrends unserer Lebensweise gehört auch die permanente Verdächtigung, Demütigung und Diffamierung der Reichen, die – wie mich meine Praxiserfahrung gelehrt hat – zu einer unerträglichen Existenzangst der ins Schußfeld geratenen Personengruppe geführt hat, die manche Menschen dieser Sündenbockgruppe bereits in die Emigration getrieben hat. Die Bemühung, die Menschen zur Hatz gegen die Reichen aufzustacheln, ist in vielen Sendungen des Fernsehens erkennbar. So hieß es in der Jugendsendung Elf $^1/_2$ (vom 10. 8. 75):

Der Esel trägt den Reiter
– das Volk trägt seinen Herrn
und ich sag jetzt den Kindern, wie das ist,
so ist das schlecht.
Der Marx hat recht.
Der Karl hat g'sagt, der Karl hat g'sagt
so geht's nicht weiter,
ein Volk von lauter Eseln, drauf ein paar Reiter.
Esel rüttel Dich und schüttel Dich
und wart' nicht auf Wunder,
dann fällt der, der auf Dir sitzt,
auch wieder runter.

Und in dem Liederprogramm „Profitgeier und andere Vögel" heißt es nach Sündenbockmanier: „Wir brauchen keine Unternehmer, denen wir das Geld in den Rachen stecken müssen, damit sie uns in Ruhe lassen. Die Profitgeier müssen weg!" (Benedix, Knüttler)

Wir sollen uns nach solcher permanenter Indoktrination nicht wundern, wenn Millionärssöhne in verfallenen Bunkern erfrieren müssen und in Prokrustes-Kisten mit Elektrostößen gequält werden!

5. Die Bürger müssen Ansprüche haben

Aber auch bei unseren wohlsituierten Bürgern der Bundesrepublik Deutschland kommt es zu einer Prokrustes-Überdehnung; denn sie werden in eine künstliche Züchtung des Neides getrieben. Der Neid läßt künstliche Ansprüche wachsen, erweckt Riesenerwartungen und bewirkt dadurch künstlich nicht situationsangemessene Unzufriedenheit und Aggression. Man hört, was man alles haben könnte, und vergißt darüber den Genuß an dem, was man hat. Diese überblähte Anspruchshaltung hat nicht nur destruktive, sondern auch lähmende Folgen.

Man fühlt sich ungerecht behandelt, nimmt das Recht in Anspruch, sich seine Forderungen zu erstreiken und stellt eine verantwortungsbewußte Relation zwischen Leistung und Gegenleistung nicht mehr her. Auch diese Haltung und die daraus folgende veränderte Lebensweise mit einem sinnleeren Lebensstil trägt durch die Minderung eines konstruktiven Impetus' zum Unglücklichwerden vieler Menschen unseres Volkes heute bei. Ich kenne eine ganze Reihe von sogenannten „Arbeitslosen", denen es günstiger erscheint, sich vom Staat ohne Gegenleistung versorgen zu lassen, als die Möglichkeit einer Arbeitsaufnahme ins Auge zu fassen und zu betreiben.

6. Die Kranken müssen gesund sein

Eine der groteskesten Zwangsvorstellungen des Zeitgeistes der Angleichung besteht in der Verleugnung unabänderlicher psychischer Abnormitäten. So evident es auch sein mag, daß ein schwer psychotischer Mensch an einem Verlust des Realitätsbezugs leidet, Prokrustes macht vor dieser Gegebenheit fest die Augen zu und schließt, daß nicht sein kann, was nicht sein darf. Das Resultat solcher Überlegungen heißt deshalb folgerichtig: Nicht der Geisteskranke ist krank – im Gegenteil: er reagiert lediglich besonders gesund und sensibel auf eine morbide Gesellschaft. Eine solche Ideologisierung im Bereich der Psychiatrie hat viele auf wissenschaftlichem Boden stehende Ärzte in ihren Anstalten zu Leidenden gemacht. Denn die von der sogenannten Sozialpsychiatrie verseuchten Sozialarbeiter, Psychologen und auch mancher Psychotherapeut bewirken eine fatale Erschwerung des Arbeitsklimas. Man verschreit die Methoden der Anstaltsärzte als reaktionär und repressiv und verstärkt dies durch einseitig gefärbte Berichte über die psychiatrischen Anstalten in den Medien. Mancher Arzt ist diesem Druck nicht gewachsen.

Es kann dann sogar zu erheblichen Fehlentscheidungen kommen, bei denen die Hilflosigkeit, die Unberechenbarkeit, die Gefährlichkeit psychotisch Kranker aufgrund der modischen Ideologisierung übersehen und Verordnungen getroffen werden, die der Situation des Kranken unangemessen sind. Durch Überforderung von Angehörigen, Pflegenden und Kranken ist auf dem Boden der Ideologisierung der Psychiatrie manch gefährlicher Unsinn praktiziert worden, der dem so notwendigen Fortschritt in dieser Wissenschaft nur wenig gedient und manchen Menschen zusätzliche Leiden aufgebürdet hat.

Prokrustes ist es auch, der in Überdehnung der Wirklichkeit weit und breit die Vorstellung durchgesetzt hat, Homosexualität sei eine völlig „normale" Spielart in der eigentlich doch ganz homogenen Menschenherde. Wütender Protest erhebt sich allenthalben, wenn man noch heute öffentlich zu sagen wagt, daß unverkennbar Homosexualität eine Abweichung von biologisch vorgegebenen sexuellen Handlungsabläufen darstelle. Und dennoch ist selbst der so massive Aufbau einer Lebenslüge, wie er hier betrieben wurde, niemals und auch hier nicht in der Lage, den Leidenden auf die Dauer zu täuschen. Im Gegenteil: Wege zur Änderung oder Wege zur Reife durch Annehmen eines nicht veränderbaren Schicksals werden so unterbunden, bringen die Betroffenen in eine Stagnation ihrer Entwicklung, die trotz aller gesellschaftlichen Anerkennung nur allzu oft im gewaltsamen, verzweifelten Tod endet.

In diese Kategorie gehört auch die unangemessene Einordnung des Straffälligen. Auch ihm suggeriert man auf Schritt und Tritt, daß er der eigentlich „Normale" sei. Taten, die alle Tolerierbarkeit in einem Rechtsstaat weit überschreiten, müssen unter diesem Trend bagatellisiert werden, um nur die Lebenslüge vom gleichen Menschen wenigstens einigermaßen aufrecht halten zu können. Morde geschehen gewissermaßen aus Versehen, unter entfremdendem Alkoholeinfluß, unter einer nur allzu verständlichen Bedrückung durch irgendeine böse Umwelt. Die Egalitätsideologie gaukelt Psychiatrieprofessoren vor, daß es unzumutbar ist, Mörder vor sich selbst durch Freiheitsentzug zu beschützen; denn – so sagt man scheinheilig – sie morden (eben weil sie normal sind) grundsätzlich nicht ein zweites Mal! Prokrustes bewirkt hier lebensgefährliche Vernebelung, die schon manche verhängnisvolle Opfer durch leichtfertig provozierte Wiederholungstaten gefordert haben.

7. Ränge müssen angeglichen werden

Eindrucksvoll kommt der Geist des Prokrustes in dem Bestreben nach Auflösung unterschiedlicher Ränge zum Ausdruck. Im Zuge dieses Geistes beginnen Pastoren sich ihres Talars zu schämen und kirchliche Amtshandlungen im Straßenanzug durchzuführen, Richter werden wegen ihrer Robe kopfschüttelnd als reaktionäre Handlanger der Macht verteufelt, Titulierungen werden verpönt und vermieden.

Auch hier wird durch prokrusteshafte Überkritik das Kind mit dem Bade ausgegossen: Die Tatsache, daß der Mensch dazu neigt, seinen Rang zur Machtanmaßung, zur Unterdrückung und Rangerniedrigung auszunutzen, kann allenfalls mit einer bewußten Selbstkontrolle (oder auch einer maßvollen Fremdkontrolle) dieses Mißbrauchs von Macht beantwortet werden. Generell die Kennzeichnung unterschiedlicher Ränge abzuschaffen bedeutet hingegen Verlust, nicht Gewinn: Verlust an Orientierung, Verlust an Impetus zum Hinaufstreben, Verlust an funktionaler Unterscheidung. Ein Priester, der die Eucharistiefeier zelebriert, ist keineswegs irgendeine Privatperson. Sein Amt macht ihn zu einem Unpersönlichen, einen für dieses Amt Beauftragten. Dadurch unterscheidet er sich fundamental von den Beteiligten an der Messe. Erst diese Unterscheidung befähigt ihn zu den von ihm erwarteten Amtshandlungen. Eine Verwischung solcher Unterschiede erschwert die Wirksamkeit der Amtshandlung, statt sie zu stärken. Ebenso ist es mit der Auflösung der Titel. Es ist für einen Studenten kein Nachteil, seinen Lehrer mit seinem Titel anzureden; mit ihm ist gleichzeitig ausgedrückt: fleißiges, bemühtes, lange vertieftes Studium, der Nachweis der Fähigkeit zur wissenschaftlichen Arbeit. Ähnliches zu leisten ist ein Anreiz, der zu extraordinärer Leistung motivieren kann. Es ist nicht mehr erstrebenswert, ein Professor zu werden, den man mit Vornamen anredet, den man anrempelt, wenn er weltanschaulich nicht richtig liegt, den man unbestraft aus seinem Vorlesungssaal hinausekeln kann. Bereits an den Rangsystemen im Tierkollektiv läßt sich ablesen, daß sie eine sinnvolle Funktion haben: Die höheren Rechte sind immer gleichzeitig mit mehr Pflichten für die Gemeinschaft verbunden, die einen arterhaltenden Sinn haben. Rangkennzeichnungen haben die Aufgabe, ein optimales Funktionieren eines Kollektivs zu gewährleisten. Das arbeitsteilige Prinzip, das unterschiedliche Ränge und Aufgaben voraussetzt, hat sich offensichtlich als ein optimales Prinzip zur Erhaltung einer Art erwiesen. Es in Unkenntnis solcher Notwendigkeiten abzuschaffen, heißt das Ganze gefährden. In einer humanen Gesellschaft läßt sich Gemeinschaft nicht durch Angleichung erzwingen, sondern allenfalls durch die freiwillige Anerkennung gemeinsamer, überpersönlicher Zielsetzungen erwirken.

8. Die Egalisierung des Denkens und der Weltanschauung

Weitaus am bedenklichsten ist, daß unser moderner Prokrustes seine Diktatur bis tief in die innersten Bezirke unseres Geistes vorangetrieben hat. Wie gesagt: Wer ins Klischee passen soll, muß wissenschaftlich zumindest angebrütet sein; aber nicht einfach durch irgendeine akademische Spezialausbildung, sondern durch die Gleichschaltung mit einem sogenannten wissenschaftlichen Denken. Die „Pseudowissenschaftliche Doktrin" dieser Egalisierungsmache hat unübertrefflich Konrad Lorenz in seiner Arbeit über die acht Todsünden des Menschen darzustellen verstanden:

„Ihre bösesten Wirkungen erreicht die heutige wissenschaftliche Mode erst dadurch, daß sie ... Statussymbole schafft ... Der richtige Operationalist, Reduktionist, Quantifikator und Statistiker blickt mit mitleidiger Verachtung auf jeden der Altmodischen, die glauben, man könne durch Beobachtung und Beschreibung tierischen und menschlichen Verhaltens, ohne Experimente und selbst, ohne zu zählen neue und wesentliche Einblicke in die Natur tun. Die Beschäftigung mit hoch integrierten lebenden Systemen wird nur dann als ‚wissenschaftlich‘ anerkannt, ... wenn die statistische Auswertung eines zahlenmäßig imponierenden Datenmaterials die Tatsache vergessen läßt, daß die untersuchten ‚Elementarteilchen‘ Menschen und nicht Neutronen sind, kurz gesagt nur dann, wenn alles aus der

Betrachtung fortgelassen wird, was hoch integrierte organische Systeme, einschließlich des Menschen, wirklich interessant macht. Vor allem gilt dies für das subjektive Erleben, das wie etwas höchst Unanständiges im Freudschen Sinne verdrängt wird. Wenn jemand das eigene subjektive Erleben zum Gegenstand der Untersuchung macht, fällt er als subjektivistisch der größten Verachtung anheim, erst recht, wenn er es wagt, die Isomorphie psychologischer und physiologischer Vorgänge als Wissensquelle zum Verständnis der letzteren auszuschöpfen. Die Doktrinäre ... haben die ‚Psychologie ohne Seele' offen auf ihr Banner geschrieben, wobei sie völlig vergessen haben, daß sie selbst ja bei ihren ‚objektivsten' Forschungen nur auf dem Wege ihres eigenen subjektiven Erlebens von den zu erforschenden Objekten Kenntnis haben...

Alle diese Fehleinstellungen heutiger Wissenschaftler sind grundsätzlich unwissenschaftlich. Nur der ideologische Druck des Consensus sehr großer, fest indoktrinierter Menschenmassen vermag sie zu erklären, jener Druck, der auch in anderen Gebieten des menschlichen Lebens ganz unglaubliche Modetorheiten hervorzubringen imstande ist. Die besondere Gefährlichkeit der modischen Indoktrinierung auf dem Gebiete der Wissenschaft liegt nur darin, daß sie den Wissensdrang allzu vieler in eine Richtung lenkt, die derjenigen gerade entgegengesetzt ist, die zum eigentlichen Ziele alles menschlichen Erkenntnisstrebens hinführt, nämlich zur besseren Selbsterkenntnis des Menschen. Die von der heutigen Mode den Wissenschaften vorgeschriebene Tendenz ist unmenschlich im bösesten Sinne dieses Wortes."

Die Reduktion der Wissenschaft auf einen positivistischen Wissenschaftsbegriff ist gefährlich glücksmindernd; denn sie behindert durch ihre Diktatur eine hohe Lust des Menschen: das Voranschreiten in seinem Bedürfnis, „zu erkennen, was die Welt im Innersten zusammenhält".

Aber Verminderung möglicher Größe bedeutet es auch, wenn der Mensch unter der Angleichung des Prokrustes sich nach objektiven Wertmaßstäben nicht auszustrecken braucht.

Wer ins Klischee passen soll, muß einheitlich an die Relativität aller Werte glauben. Die Absolutsetzung des Relativen ist ein gigantischer Schachzug von Prokrustes, um den Menschen für die gewaltsame Egalisierung vorzubereiten. Denn ohne die Orientierungsmarke eines als absolut erlebten Wertsystems geht der Mensch doppelt leicht in die Irre und gerät verloren in die Sumpfwälder des Prokrustes. Wer nicht mehr sicher weiß, was gut und was böse ist, wer seinen Maßstab in seinen subjektiven Bedürfnissen zu finden trachtet, muß einen neuen Maßstab suchen und findet ihn leicht in einem hektischen Bemühen um Anpassung an die jeweilige Mode – an eine Gruppennorm, die wechselnden Trends widerstandslos ausgeliefert ist. Die Auslieferung an intellektualistische Modetrends, wie sie in den Massenmedien verbreitet werden, ist die logische Folge.

Die Ethik wird im Klischeedenken ebenso einfach wie absurd: Gut ist, was neu ist, was mir und allenfalls noch der bereits auf Egalität genormten Gruppe nützt. Dabei wird die Gruppe allerdings unversehens zu einem neuen, zum Mythos erhobenen Idol, die die Regulation von individuellen Ausnahmehandlungen zu reglementieren hat. Die Solidarität mit der Gruppe wird zum neu errichteten Kontrollsystem, das erfolgreich jede Extravaganz der Egalisierten unterbindet. Die hilfreichen psychotherapeutischen Methoden der Gruppendynamik werden durch diesen ideologisierten Trend nicht selten zu schrecklichem Mißbrauch verwendet. Ohne die Basis von Respekt, Achtung und Wohlwollen kann der einzelne in eine gefährliche Gruppenhatz getrieben werden, die dem Mobbing tierischer Gruppen entspricht. In solchen Fällen geschieht kollektiv Regression: Der einzelne dient der Menge als Sündenbock, wird zum Objekt von Aggressionsentlastung und unbewußter Selbstwerterhöhung durch Herabsetzung des „schwarzen Schafes“. Die rigorose Brutalisierung in manchen gruppendynamischen Kursen ist ein fataler Vorgeschmack auf das Ausmaß an individueller Beengung, die eintreten wird, wenn dem Moloch Prokrustes weiter so erfolgreich und durch keinen Theseus gehindert in unserer Gesellschaft weiterzuräubern Gelegenheit gegeben wird.

Die Gefährdung des Glücks liegt auf der Hand: denn die Re-

duktion des Menschen auf ein uniformes Wesen nach Klischee-
maß, das sich – entpersönlicht – nur noch nach Herings-
schwarmmanier bewegt, bedeutet eine solche Verstümmelung
individueller Entfaltungsmöglichkeiten, daß mehr oder weniger dumpf das berechtigte Gefühl des Unzufriedenseins mit
diesem Leben auf die Spitze getrieben wird. Denn echte Grup-
penfähigkeit des Menschen ist ohne eine möglichst optimale
Entfaltung der unterschiedlichen Begabungen der vielen einzelnen nicht erstellbar. Sie setzt voraus, daß der Mensch
freiwillig, aufgrund von Einsicht, Opfer- und Verzichtbereitschaft seine eigenen Fähigkeiten bewußt und freiwillig in einen
überpersönlichen Dienst stellt. Ein solcher Fortschritt setzt
aber das realistische Erkennen der Grenzen und der partiellen
Möglichkeiten von Erziehung voraus. Veränderung dieser Art
wäre aber nur möglich, wenn wir beschämt den Neid als die
Wurzel der rigorosen Egalisierungsbestrebungen erkennen und
uns in Achtung vor dem Unveränderbaren und Unterschiedlichen mit sorgsamer Verantwortung an die optimale Erziehung,
Steigerung und Ergänzung dessen machten, was im Bereich
unserer begrenzten, realen Möglichkeiten läge.

Literatur

Benedix, Ü. und Knüttler, H. H.: Ihr Kind – morgen ein fanatischer
  Klassenkämpfer, Selbstverlag 1975, S. 61.
Bornemann, E.: Das Patriarchat, Hamburg 1976, S. 342.
Bowlby, J.: Material Care and Mental Health, World Health Organiza-
  tion, ser. No. 2, 1952.
Comfort, A.: Die Sexualität im Alter, in: Sexualmedizin, H. 12, 1976,
  S. 854 ff.
Eibl-Eibesfeldt, I.: Von der Kunst des Spielens, in: Die Welt v.
  10. 7. 1976.
Eysenck, H. J.: Vererbung, Intelligenz und Erziehung, Stuttgart 1975.
Fuchs, Gaspari u. Millendorfer: Makropsychologische Untersuchung
  der Familie in Europa, Wien 1977.
Huntford, R.: Wohlfahrtsdiktatur, Berlin 1971, S. 265.
Lorenz, K.: Die acht Todsünden der zivilisierten Menschheit, München
  1973, S. 103.
Schoeck, H.: Schülermanipulation, Freiburg 1975.

HEINZ-DIETRICH ORTLIEB

Die mißverstandene Freiheit

Oder woran eine egalitäre Gesellschaft zugrunde geht

> Niemals wird es eine herrschaftslose Gesell-
> schaft geben, sondern eine dahingehende For-
> derung verkleidet nur den Wunsch, bisher Un-
> beteiligter, an der Herrschaft teilzunehmen.
>
> *Arnold Gehlen*

> Der Neid der Menschen zeigt an, wie unglück-
> lich sie sind.
>
> *Arthur Schopenhauer*

I. Einkommensteigerung plus Selbstverwirklichung tragen kein Gemeinwesen

Unsere wirtschaftliche und gesellschaftliche Entwicklung der letzten 30 Jahre hatte recht verschiedenartige endogene und exogene Komponenten, deren Bedeutung recht unterschiedlich beurteilt werden kann. Für jeden aber, der sich nicht in seiner ideologischen Welt von der Wirklichkeit völlig abkapselt, sollte die Sackgasse erkennbar sein, in der sich die Entwicklung unseres Gemeinwesens schließlich festgefahren hat. Diese Sackgasse läßt sich mit den Worten „Gefälligkeitsdemokratie", „Anspruchsgesellschaft" und „Führungsschwäche" umschreiben. Offensichtlich ist ein anarchistischer Zeitgeist vorherrschend geworden, der unsere Politiker so handeln läßt, als ob mit der höchstmöglichen Erfüllung individueller Freiheits- und Gleichheitsansprüche gleichzeitig auch die Leistungs- und die Lebensfähigkeit der Gesellschaft und damit auch die der in und mit ihr lebenden einzelnen Menschen gesichert sei.

Was bis heute nur wenige zu begreifen vermögen: Erzkonservative Verherrlicher der „Sozialen Marktwirtschaft" und ihre anarchistischen Kritiker sind dem gleichen Irrtum verfallen, wenn sie sich gegenseitig für geistige Antipoden halten.

Beide sind nur zwei Seiten derselben Medaille, nämlich Anhänger eines anarchistisch übersteigerten Individualismus, nur daß die einen zur liberalistischen, die anderen zur marxistischen Utopie des 19. Jahrhunderts neigen. Die private Einkommens- und Konsummaximierung, die zum Leitmotiv des Aufbauwerks der fünfziger Jahre wurde, einerseits, und die Ansprüche auf Emanzipation von jeglicher Abhängigkeit und auf egozentrisch interpretierte Selbstverwirklichung, wie sie von pseudoprogressiven Kritikern unserer Gesellschaft seit Ende der sechziger Jahre erhoben werden, andererseits – beides zeigt die gleiche Geisteshaltung, nur daß das eine die Aufbauphase, das andere die erreichte und scheinbar unzerstörbare Überflußgesellschaft als Erlebnishintergrund hat und daß nun unter diesem Eindruck der Emanzipationsprozeß bis zur völligen Absurdität ausufert.

Eine Übersteigerung individualistischer Emanzipation zu einem alles umfassenden Anarchismus mußte die Folge einer kommerzialistisch betriebenen Marktwirtschaft sein, weil ökonomischer Individualismus ohne eine wirksame Erziehung zum Gemeinsinn und zu einem ausreichenden Verständnis für die Funktionsbedingungen arbeitsteiliger Wirtschaftsgesellschaften eine rein private, partielle Denkweise durch Selbstinduktion kumulativ fördert. Eine solche Denkweise dringt dann nicht nur in die Politik, sondern in Gestalt intellektueller Wohlstandskinder auch in jene Bereiche des „geistigen Überbaus", dem wichtige Funktionen der Information und der Bewußtseinsbildung zufallen. Denn auch hier hat auf kommerziellem Wege der am meisten Erfolg, der den Menschen Vorstellungen verkauft, die ihnen angenehm und bequem sind. Das hat schon manchen zynischen Antikapitalisten das makabre Lenin-Zitat variieren lassen, die Kapitalisten produzierten in Literatur, Presse und Film selbst die Stricke, an denen sie aufgehängt würden.

Dieser sich im geistigen Bereich vollziehende Prozeß einer anarchistischen Emanzipation ist deshalb so gefährlich, weil er zu einer totalen Denaturierung unseres Sozialbewußtseins führt, also gerade das beseitigt, was die Grundlage unserer Zivilisation, ja unserer menschlichen Existenz schlechthin ist.

Diese Art von Emanzipation mißachtet nämlich, daß auch eine Gesellschaft, die sich zur Freiheit und Gleichheit aller Menschen bekennt, die Ansprüche des einzelnen an die Erfüllung seiner gesellschaftlichen Funktion binden muß, soll diese Gesellschaft früher oder später nicht ihren Geist aufgeben. Auch und gerade wir modernen Menschen bleiben soziale Wesen. Wir können von Staat und Gesellschaft nicht mehr verlangen, als wir in ihnen und für sie selbst als Individuen zu tun bereit sind. Denn die Ansprüche, die wir stellen, werden nicht von abstrakten Gebilden „Staat" und „Gesellschaft" erfüllt, sondern von einzelnen Menschen in ihnen, von deren Leistungsfähigkeit und -willigkeit in den Berufen und Funktionen, auf die sich unsere Ansprüche richten. Zwar haben für uns Staat und Gesellschaft keinen Eigenwert, sondern beziehen ihre Bedeutung erst aus ihrer Fähigkeit, allen ihren Mitgliedern ein Leben in Freiheit und Sicherheit zu garantieren. Gerade eine solche Garantie verlangt aber, die Existenzbedingungen von Staat und Gesellschaft mit Rücksicht auf künftige Generationen nicht um kurzfristiger Vorteile einiger oder aller willen hintanzusetzen.

Die abendländische Geschichte ist dadurch gekennzeichnet, daß die zivilisatorische Entwicklung immer mehr Freiheit, Sicherheit und Wohlstand für alle mit sich gebracht hat. Im Lichte einer christlichen und säkularisiert humanitären Ethik, nach der man den Nächsten lieben soll wie sich selbst, mag dies als Fortschritt angesehen werden. So tun sich selbst Menschen, die noch den Mut haben, für rückständig gehalten zu werden, heute schwer, mit der Frage Gehör zu finden, ob wir inzwischen nicht gar so weit „fortgeschritten" sind, daß mit dem Abbau von Ordnungsregeln die dauerhafte Existenz der Gesellschaft selbst und der bisher in ihr erreichte Grad von Freiheit und Gleichheit fraglich wird. Deshalb muß immer von neuem ins Gedächtnis gerufen werden, was denn die Ursachen von Wohlstand und Freiheit in der abendländischen Welt gewesen sind.

II. Entwicklungs- und Existenzbedingungen der modernen abendländischen Leistungsgesellschaft

In den letzten Jahrhunderten unserer Geschichte haben die Ablösung einer ständisch geordneten Wirtschaft durch eine anonyme Marktwirtschaft, in der jeder auf sich selbst gestellt war, sowie die Demokratisierung des absolutistischen Staates zwar mehr Freiheitsspielräume für den einzelnen geschaffen. Dieser politische Emanzipationsprozeß hat aber gleichzeitig verschleiert, daß die mit ihm zeitlich parallel laufende In- und Extensivierung der Arbeitsteilung in anderer Hinsicht die individuelle Freiheit und Unabhängigkeit wieder eingeschränkt hat. Die geschichtliche Entwicklung unserer Gesellschaft zeigt also zwei gegenläufige Tendenzen: einerseits die Zunahme individueller Freiheiten durch den Abbau autoritärer, die Ordnung garantierender Gewalten im geistigen, politischen und sozialen Bereich, verstärkt durch die Beteiligung aller am wachsenden Wohlstand, andererseits aber als Folge der zeitlich parallel laufenden gesellschaftlichen Arbeitsteilung, die zunehmend notwendige Bindung an Spielregeln, die freiwillig oder erzwungenermaßen respektiert werden müssen. Die Problematik dieser Gegenläufigkeit ist uns – so will mir scheinen – bis heute noch kaum ausreichend klar geworden. Sie ist dies nicht, weil die bisher vorherrschenden Ideologien diesen Konflikt ständig verschleierten, und weil beide Tendenzen dank des steigenden Lebensstandards noch nicht zu einem totalen Konflikt geführt haben. Ein solcher Konflikt scheint sich aber im Falle endgültiger Stagnation des Lebensstandards gegen Ende des Jahrhunderts anzubahnen.

Denn die Zeichen mehren sich, daß wirtschaftliches Wachstum und Wohlstandssteigerung für die westlichen Völker ihrem Ende zugehen. Um nur wenige der gewichtigsten Beispiele zu nennen: Umweltschutz, die Energie- und Rohstoffversorgung, Veränderung der Altersstruktur, physische und psychische Degenerationserscheinungen sowie die Auseinandersetzung zwischen Nord und Süd um eine neue Weltwirtschaftsordnung mit dem Hauptziel, nun auch im internationalen Rahmen egaler zu verteilen. Die Bewältigung solcher Probleme wird es auf jeden Fall nötig machen, daß wir uns wieder auf die Tugenden unserer alten Leistungsgesellschaft besinnen, d. h. daß wir die Spielwiese, die bei uns für ein beliebiges Tun- und Lassen-Können aufgrund einer mißverstandenen Freiheit Individuen und Gruppen in den letzten Jahrzehnten eingeräumt worden ist, in Zukunft wieder erheblich einschränken müssen. Wenn unser demokratisches Gemeinwesen nicht mehr fähig sein sollte, einen dafür notwendigen Mentalitätswandel herbeizuführen, wird es keinen Bestand haben können. Vielleicht wird dies dann sogar das Ende der abendländischen Kultur mit sich bringen.

Erinnern wir uns, was die Entwicklungsbedingungen unserer modernen Zivilisation gewesen sind: Unsere hochtechnisierte Wirtschaftsgesellschaft, zunächst ein einmaliges Produkt des Abendlandes hat nämlich beim abendländischen Menschen das Vorherrschen einer Mentalität zur Voraussetzung gehabt, die sich durch die Kombination zweier Eigenschaften kennzeichnen läßt: durch geistige Emanzipation und Disziplinierung zugleich. Merkwürdiger- und bezeichnenderweise beginnt man in unseren Tagen gerade diese beiden Eigenschaften aus einem übermächtig gewordenen Emanzipationsstreben heraus für unvereinbare Gegensätze zu halten:

1. Emanzipation von traditionalen Hemmungen, die einer solchen Entwicklung entgegenstanden;
2. Disziplinierung der Individuen und Gruppen, die Spielregeln für die Zusammenarbeit in immer größer und unübersichtlicher werdenden Organisationen einer arbeitsteiligen Gesellschaft zu akzeptieren.

Diese doppelgesichtige Mentalität manifestierte sich im rationalen Staat und in der rationalen kapitalistischen Unternehmung und fand ihre schärfste persönliche Ausprägung im Typus des preußischen Beamten und des puritanischen Geschäftsmannes. Beide Institutionen und Typen in der rationalen Zweck-Mittel-Findung, ausgerichtet auf Durchsetzung im Kampf um „Macht oder Reichtum von Gottes Gnaden", mußten in den vergangenen Jahrhunderten die soziale Umwelt prägen; denn wer in diesem Kampf eine Chance haben wollte, mußte sich der gleichen rationalen Methoden wie sein Gegner bedienen.

Das galt für den Kampf der Dynastien und Nationen genau so wie für den marktwirtschaftlichen Wettkampf privater Unternehmungen, nachdem diese vom merkantilistischen Staat zum eigenen Nutzen eingeführt oder gefördert worden waren, um sich dann später von diesem Staat zu emanzipieren bzw. ihn zu unterwandern und umwandeln zu helfen. Wer dem beispielgebenden Gegner nicht folgte, hatte wenig Aussicht zu bestehen, ob es sich um Technik und Organisation der Produktion, der staatlichen Verwaltung oder der Kriegsführung handelte. Ein planvoll verwertetes Erfahrungswissen lieferte die Methoden zur bestmöglichen Zweckerfüllung. Von umfassender Wirksamkeit war dabei die nachhaltige Initiative, diese Methoden auf allen Gebieten anzuwenden und sie allmählich auch der schweigenden, passiven Mehrheit der Staats- und Wirtschaftsbürger aufzunötigen und bei ihnen als Untertanen und Proletarier völlig unsentimental einen entsprechenden eigenständigen Leistungsbeitrag zu erzwingen.

Von entscheidender Bedeutung aber war, daß diese Mentalität bei den aktiven Minderheiten der abendländischen Völker stets verbunden war mit dem Glauben an die Freiheit und Selbstverantwortlichkeit des einzelnen. Kein Schicksal, keine Umwelt, keine Magie konnte als persönliche Entschuldigung herangezogen werden. Jeder hatte das Vorgefundene auf sich zu nehmen; und er hatte selbst zu verantworten, was er daraus machte und was er zu tun unterließ. Der bekannteste Preußenkönig fand es als selbstverständlich, daß seine Offiziere nicht nur ihr Handwerk verstünden, sondern auch Fortune besäßen. Das gleiche war von den merchant adventurers erwartet worden. Und auch für die puritanischen Geschäftsleute hat es nie eine Entschuldigung für Mißerfolg gegeben außer eben der, daß man von Gott verlassen oder verworfen war. Der Erfolg allein bestätigte die Erfüllung der sozialen Verpflichtung vor Gott und dem König. Das waren harte Lebensbedingungen in nicht sonderlich humanen Zeiten; aber sie waren höchstwahrscheinlich neben der Entstehung der modernen Wissenschaft und

Technik die wichtigste Voraussetzung für den späteren Wohlstand der europäischen Völker. Die heutigen Entwicklungsländer (und viele von uns mit ihnen) irren, wenn sie (und wir) meinen sollten, sie könnten ihren Wohlstand auf eine billigere Tour erwerben. Das technische Wissen und einiges Kapital können wir ihnen liefern. Das übrige müssen sie sich selbst erleiden, so wie es unsere Vorfahren für uns erlitten haben.

Desgleichen wurden die Emanzipationskämpfe auf geistigem, wirtschaftlichem und politischem Gebiet um mehr Freiheits- und Mitbestimmungsrechte damals diszipliniert durch das persönliche Erfolgsrisiko. Revolutionäre mit Ansprüchen auf Staatsstellungen und Pensionen und mit der Erwartung, daß die Gerichte ihnen aufgrund ihrer Motivation Sonderbehandlung zuteil werden ließen, solche Revolutionäre hatten damals noch keine Chance, zur Wirkung zu kommen. Aus bloßer aggressiver Mißlaunigkeit und einem mißleiteten Geltungsbedürfnis heraus wagte man nicht, auf die Barrikaden zu gehen. Das blieb unseren Jahren vorbehalten.

Auch die herrschenden Schichten konnten den Besitzstand ihrer Privilegien nur wahren, solange sie ihrer selbst sicher waren und die dafür erforderliche Selbstbestätigung dafür gewannen, daß sie ihre Funktionen erfüllten, nämlich eine Ordnung aufrecht erhielten und eine Weiterentwicklung zuließen, welche die Existenz ihres Gemeinwesens – mochte es nun Familie, Gemeinde oder Nation heißen – und gleichzeitig die Existenz seiner Mitglieder sicherte und förderte. Es sei daran erinnert, daß es z. B. der preußische Kriegsminister Roon war, der energisch gegen die Verelendung des Industrieproletariats protestierte, nicht weil dieser erzkonservative Mann Marxist gewesen wäre oder von Mildtätigkeit überfloß, sondern weil er das Gemeinwesen des preußischen Staates, für den er Verantwortung trug, gefährdet sah, und einem Staatsmann wie Bismarck, der prophylaktisch die Sozialversicherung einführte, ist ein Staatssozialismus nicht fremd gewesen, wenn er auch etwas anderes darunter verstand als Ferdinand Lassalle oder gar Karl Marx.

Was die emanzipatorische Polemik aller Freiheitskämpfer

fast immer unbeachtet gelassen hat, ist, daß – von ausgesprochen korrupten und dekadenten Phasen abgesehen – auch autoritäre Machthaber stets Ordnungsfunktionen wahrnehmen, mit denen sie nicht nur ihre Privilegien, sondern gleichzeitig die disziplinierende Lebensgrundlage aller anderen mehr oder weniger mit sicherten. Aus dieser polemischen Blindheit reiner Emanzipatoren erklärt sich zum guten Teil, weshalb progressive Ideologen bei der Lösung der Frage, wie sich denn eine Gesellschaft freigesetzter Individuen ausreichend disziplinieren läßt, ständig versagt haben.

Es ist ein allgemeines Entwicklungsgesetz, daß der Abbau autoritärer paternalistischer Bevormundung den „Befreiten" nur hilft, wenn die letzte Phase solcher Herrschaft mit Erfolg für die Vorbereitung auf eine selbständige Existenz verwendet wird. Dies ist um so wichtiger, je größer die Anforderungen sind, welche die natürliche und soziale Umwelt an die Menschen stellt. Das gilt gleichermaßen für die Emanzipation junger Menschen aus der Familie wie auch für soziale Gruppen oder ganze Völker. Fehlt eine solche Vorbereitung, dann erweisen sich die Befreiten als existenzunfähig und geraten in neue Abhängigkeiten oder gehen sogar zugrunde. Das ist wohl der Hauptgrund, weshalb Revolutionen, an ihren vorgegebenen Zielen gemessen, scheitern, selbst wenn sie zu einem Herrschaftswechsel führen. Voreiligerweise glaubten bürgerliche und antibürgerliche Emanzipatoren bisher immer, sich mit Hilfe mechanistischer Ordnungsmodelle rechtfertigen zu können, die den Anschein erweckten, daß sich ein Gleichgewicht von Freiheit und Ordnung, von individueller Emanzipation und sozialer Disziplin von selbst ergeben würde.

III. Das liberalistische und das marxistische Ordnungsmodell

Die beiden Ideologien, die seit dem 19. Jahrhundert bis in unsere Gegenwart vornehmlich unser soziales Bewußtsein in diesem Sinne bestimmten, sind bekanntlich der Wirtschaftsliberalismus und der Marxismus in immer neuen Variationen gewesen.

Die große Vision des Wirtschaftsliberalismus von der „natürlichen Ordnung", durch die Freiheit, Gerechtigkeit und Wohlstand der Menschen gleichermaßen verwirklicht werden sollten, war der von Konkurrenz und unternehmerischer Privatinitiative bewegte marktwirtschaftliche Kosmos. Die wesentlichen Bestandteile seiner Ordnung waren Individualeigentum an den Produktionsmitteln und eine Laissez-Faire-Politik des Staates gegenüber dem Marktmechanismus. Dieses Ordnungsbild war entstanden aus dem Erlebnis des beginnenden Industriezeitalters wie überall dort, wo die feudalistischen, zünftlerischen und staatlichen Bindungen verschwanden, sich Initiative und Leistungen der Menschen zum Nutzen aller steigerten.

Sah der Liberalismus in der Marktwirtschaft eine Ordnung, deren disziplinierender Konkurrenzmechanismus darauf angelegt zu sein schien, gleichzeitig Wohlstand und Interessenausgleich zu bewirken, so glaubte Marx im Kapitalismus Disharmonien zu entdecken, gewissermaßen einen Emanzipationsmechanismus. Dieser historische Mechanismus sollte durch den Kapitalismus hindurch – mit seinem verelendeten und ausgebeuteten Arbeiterproletariat, mit seiner dadurch bewirkten Kapitalakkumulation, mit seinem dementsprechend wachsenden, wenn auch von Absatzkrisen behinderten Leistungspotential sowie mit seinem sich zuspitzenden Klassenkampf – „zur klassenlosen Gesellschaft" führen.

Sowohl beim liberalistischen wie beim marxistischen Ordnungsbild geht eine gefährlich einschläfernde Faszination von der vermeintlichen Entdeckung aus, wie die „List der Idee" in Gestalt neuer Sozialmechanismen die Menschen veranlaßt, mit der einseitigen Verfolgung ihrer einzelnen Interessen hier, ihrer Klasseninteressen dort, gleichzeitig das für die Gesamtheit Notwendige zu vollbringen. Eine solche Idee, die bestenfalls Teilwahrheiten enthält, mußte immer wieder das Problem der sozialen Disziplinierung bagatellisieren. Sie hat die Anhänger der Marktwirtschaft immer wieder veranlaßt, die moralzehrende Wirkung des Kommerzialismus mit seiner Einkommens- und Konsummaximierung als Antriebskraft zu mißachten; und sie hat Marxisten meist vergessen lassen, daß aus Klassenkampf auf die Dauer keine Sozialmoral entstehen kann, auf die sich eine bessere Gesellschaft aufbauen läßt, weil diese Gesellschaft sich dann gezwungen sieht, ständig selbst den Ersatzfeind zu produzieren, um die eigenen unvermeidlichen Disharmonien weginterpretieren, d. h. einem Sündenbock anlasten zu können.

In beiden Fällen wurde die Bedeutung der Eigentumsfrage positiv oder negativ überschätzt. Der Liberalismus setzte auf die sozial disziplinierende Wirkung des Privateigentums an den Produktionsmitteln unter der Annahme, daß der besitzvermehrende und -erhaltende Eigennutz durch den marktwirtschaftlichen Wettbewerb in gemeinnützige Bahnen gelenkt würde. Demgegenüber war der Marxismus nur fähig, eine schlechthin korrumpierende Wirkung des Privateigentums auf die Menschen zu erkennen. Aus der Eigengesetzlichkeit der Marktwirtschaft sah er nur das Schicksal von Massenarbeitslosigkeit und Absatzkrisen erwachsen, vor dem sich die Menschen ausschließlich durch totale Abschaffung des Privateigentums und der Marktwirtschaft in das Reich der Freiheit, d. h. in das Reich der Selbstverwaltung aller durch alle retten konnten.

Dies zeigt: In der marxistischen Theorie ist der Emanzipationsprozeß total. Während die liberalistische Ordnung noch den marktwirtschaftlichen Wettbewerb als dauernden Disziplinierungsfaktor kennt, enthält das marxistische Entwicklungsbild nur noch einen letzten abschließenden Disziplinierungsvorgang: „die Diktatur des Proletariats", die bei Marx selbst nur als kurze Übergangsphase für die Durchführung der „Expropriation der Expropriateure" gedacht ist. Danach wird jede disziplinarische Maßnahme überflüssig, weil mit der Beseitigung des Privateigentums auch dessen korrumpierende Wirkung aufhört. Dem neuen, dem wahrhaft sozialen Menschen, der nun entstehen soll, erwächst die Freiheit aus der eigenen Erkenntnis des sozial Notwendigen. Der Gegensatz von Eigen- und Gemeinnutz hebt sich damit angeblich von selbst auf.

Es ist nicht weiter erstaunlich, daß, wenn Teilwahrheiten derartig mit Wunschvorstellungen verquickt werden, nur fragwürdig utopische Prognosen herauskommen können. Dazu hier nur soviel: Es ist im sogenannten Kapitalismus bekanntlich nicht zu einer Verelendung der Arbeitermassen, sondern zu ihrem höchsten Lebensstandard in der Menschheitsgeschichte gekommen. Und die Beseitigung des Privateigentums an den Produktionsmitteln hat dort, wo sie durchgeführt wurde, bisher nicht den neuen Menschen geschaffen, der keiner Disziplinierung mehr bedarf. Sie hat vielmehr zur Folge, daß, wo das Privateigentum abgeschafft wurde, die sogenannte Diktatur des Proletariats zu einer disziplinierenden Dauereinrichtung geworden ist. Das ist wohl das bisher weltbewegendste Beispiel dafür, daß man gerade dann, wenn der Emanzipationsprozeß aufgrund unrealistischer Theorien bis zur totalen Anarchie vorangetrieben werden soll, von einer autoritären Disziplinierung von oben überhaupt nicht mehr loskommt.

IV. Der Emanzipationsprozeß in der westlichen Welt

Aber wir im Westen haben deshalb noch keinen Grund zum Frohlocken. Zwar haben wir nicht zuletzt wegen der Leistungsfähigkeit unserer Markt- und Unternehmerwirtschaft bisher den weltpolitischen Wettkampf um den höchsten Lebensstandard und um die weitestgehenden individuellen Freiheitsspielräume gewonnen, doch scheint darüber gleichzeitig die soziale Disziplinierung in einem existenzgefährdenden Umfang verloren zu gehen und nicht zuletzt daher auch der Ausgang des weltpolitischen Machtkampfes zwischen Ost und West mehr als fraglich geworden zu sein.

Daß sich bei uns im Westen das Gleichgewicht zwischen möglicher Emanzipation und notwendiger Disziplinierung (wenn wir vom national-sozialistischen Zwischenspiel einmal absehen) zunächst noch besser als im Osten erhalten ließ, hat daran gelegen, daß bei uns niemand die Macht erhielt, das wirtschaftsliberalistische Dogma praktisch so rigoros durchzusetzen, wie es der Kommunismus mit seinem Dogma getan hat.

Im Laufe der letzten 100 Jahre hatte man dank der marxistischen Kritik begriffen, daß eine marktwirtschaftliche Koordination der Entscheidungen privater Haushalte und Unternehmungen allein nicht in der Lage ist, lebenswichtige Gesamtinteressen eines Volkes (oder wie wir heute sagen: einer Gesellschaft) wahrzunehmen. Längst nicht alle Aufgaben, die für die dauerhafte Existenz der einzelnen Menschen nötig sind, lassen sich allein auf kommerzialistischem Wege lösen. Das gilt nicht nur für Vollbeschäftigung und Wachstum der Wirtschaft, für den Ausbau der Infrastruktur und die Lösung sozialpolitischer Probleme oder für die nationale Sicherheit im innern und nach außen, sondern ebensosehr für die Weiterentwicklung von Wissenschaft, Bildung und Pressewesen, damit auch diese Bereiche ihre gesellschaftlichen Funktionen der Information und Entscheidungshilfe wahrnehmen. Soll es nicht zu ökonomischen, politischen und geistigen Existenzkrisen kommen, bedarf es für eine stetige Kooperation und Entwicklung einer den Individuen und Gruppen ständig übergeordneten politischen Instanz, welche im Mechanismus der Marktwirtschaft selbst nicht vorhanden ist.

Gerade wenn man aus Gründen der Effektivität mit einiger Berechtigung die Privatisierung der Produktionsbereiche bejaht, und für diese Bereiche die Einkommens- und Gewinnorientierung für zweckmäßig hält, darf man nicht übersehen, daß die Stabilität einer freiheitlichen Gesellschaft dort, wo informiert und politisch entschieden wird, ein anderes Ethos, einen anderen Maßstab für Leistung und Funktionserfüllung als in der Wirtschaft verlangt. Einkommens- und Gewinnstreben sind ein Stimulans – selbst von Karl Marx als solches für die Phase industrieller Entwicklung hoch geschätzt –, welches Wunder wirken kann, wenn es wohldosiert und kontrolliert auf dafür geeignete Bereiche des Gesellschaftskörpers beschränkt bleibt. Es wird zum tödlich zersetzenden Gift, sobald es alle ergreift und vor allem die politischen Instanzen befällt, die koordinierend über Dosierung und Kontrolle zu entscheiden und dabei das Gemeinwohl ins Auge zu fassen haben.

Diese Gefahr war gering, als der Kapitalismus in Europa unter dem Schutz zunächst absolutistischer, später konstitutioneller Monarchien sich entfaltete. Durch den Mythos von „Thron und Altar" in ihrem Ansehen abgesichert, konnten der Staat und seine Repräsentanten ihre Privilegien in mancherlei Hinsicht mißbrauchen. Aber sie waren mit ihrem Machtreichtum mittelbar und langfristig vom Wohlstand der Nation abhängig und in ihrer eigenen Position kurzfristig unabhängig, wenn es galt, für die Forderung dieses Wohlstandes unpopuläre Maßnahmen durchzusetzen.

Demgegenüber ist das Establishment einer repräsentativen Demokratie in einer sehr viel schwierigeren Lage. Denn die politische Ordnung unserer Demokratie, wie sehr wir mit ihr auch mit Recht unsere Vorstellung von politischer Freiheit verbinden, hat ähnliche Konstitutionsschwächen wie die Marktwirtschaft, insofern auch ihre Ordnungsmechanismen infolge zu kurzfristiger Orientierung nicht ohne weiteres ein Gleichgewicht von Freiheit und Ordnung ansteuert. Über dem Wettkampf um die Wählerstimmen kann es allzu leicht geschehen, daß die eigentlich konstruktive politische Aufgabe, umfassend und langfristig zu koordinieren, in den Hintergrund gedrängt, wenn nicht gar ganz von der Tagesordnung abgesetzt wird.

Nicht nur in unserer Bundesrepublik, sondern in allen westlichen Demokratien hat dies zu dem gefährlichen politischen Zweckoptimismus geführt, den Wählern mehr zu versprechen, als auf die Dauer gehalten werden kann. Diese zweifelhafte Methode blieb infolge unseres wirtschaftlichen Wachstums lange Zeit bei uns ungestraft. Da der Staats- und Wirtschaftsbürger, auf dessen Mündigkeit sich alle so gern berufen, über die labilen Grundlagen seines Wohlstandes nie aufgeklärt wurde, wuchsen mit der Gewöhnung an den steigenden Lebensstandard seine Ansprüche, dem nun wieder die Politiker entsprechen zu müssen glaubten. An diesem Zirkel änderte sich auch nichts, als mit der sozialliberalen Regierung kostspielige

Reformen besonders im Bildungs- und Sozialbereich eingeleitet wurden. Mit diesen Reformen wurde zwar ein lang angestauter Nachholbedarf ins Auge gefaßt; sie mußten sich aber zwangsläufig als Fehlreformen herausstellen, weil man das Augenmaß für das Sinnvolle und das Mögliche verlor. Der Wähler wurde weiterhin in dem Glauben gelassen, davon könne sein privates Realeinkommen unberührt bleiben. Selbst die Ölkrise konnte keinen nachhaltigen Bewußtseins- und Sinneswandel unserer politischen Führung bewirken.

Nicht zuletzt durch diesen Führungsstil hat sich bei uns ein Demokratieverständnis entwickelt, nach dem ein guter Demokrat nicht mehr selbst nach bestem Wissen und Gewissen entscheidet, sondern nach allen Seiten wittert und mit dem Strom der Zeit schwimmt. Dann werden die Ergebnisse von Meinungsbefragungen, selbst wenn sie zu den fragwürdigsten Ergebnissen führen, zum letzten Schluß aller Führungsweisheit; und das Schicksal einer Gesellschaft wird davon abhängig, ob das Volk letztlich klüger als seine Führung ist. Aber selbst dies ist nur möglich, sofern den Wählern überhaupt die Chance geboten wird, sich zwischen eindeutigen Parteiprogrammen zu entscheiden und so ihren Willen eindeutig zu artikulieren. Bei Parteien, die sich gegenseitig ausschließende Gegensätze in den eigenen Reihen zu bemänteln und zu überbrücken suchen, können die Wähler dies nicht. Dann wird aber die Stabilität unserer freiheitlichen Gesellschaft früher oder später gefährdet, weil unser Gemeinwesen allzusehr allen irrationalen Reaktionen aktiver und entschlossener Minderheiten außerhalb und innerhalb der Parteien ausgeliefert ist. Die Feindseligkeit solcher Minderheiten muß in dem Augenblick gefährlich werden, wenn die Errungenschaften unserer Gesellschaft ihre Attraktivität eingebüßt haben.

In allen Überflußgesellschaften des Westens ist aber bereits der Wohlstand bis zur Überdrüssigkeit selbstverständlich geworden. Während die Völker des Ostens und des Südens noch begehrlich auf den privaten Massenverbrauch des Westens blicken, schwindet sein Ansehen bei uns immer mehr, weil man sich immer weniger vorstellen kann, wie es sich ohne ihn lebt.

Dies ist offenbar zwangsläufig, wenn der Wohlstand Generationen überdauert.

Wir dürfen nämlich nicht vergessen, daß wir Menschen seit Tausenden, ja seit Millionen von Jahren physisch und psychisch auf Not vorprogrammiert worden sind. Das Wort „Not" aber heißt „Zwang und Bedrängnis"; es ist das Gegenteil von Freiheit und Wohlleben. Wir Menschen sind also als Art darauf hintrainiert, unter Zwang und Bedrängnis zu leben und uns mit diesem Zustand instinktiv und rational auseinanderzusetzen, um ihn uns nach Möglichkeit vom Halse zu schaffen. Wir sind aber nicht gewöhnt, ohne diese Auseinandersetzung zu leben. Wenn wir auch mit einem gewissen Recht, Freiheit und Wohlstand zu obersten Zielen erheben, so dürfen wir doch nicht vergessen, daß es Ziele sind, die wir nie vollständig und auf längere Zeit erreichen dürfen, weil sie dann wie Mittel des Rausches oder der Einschläferung für uns existenzgefährdend werden. Die Geschichte liefert eine Fülle von Beispielen, wie privilegierte Völker und Schichten an zu viel Freiheit und Wohlstand zugrunde gingen, wobei meist offen blieb, ob sie ihre diesbezüglichen Privilegien schließlich nicht mehr verteidigen konnten oder wollten.

Solche Überlegungen werfen gerade auf die sozialen Errungenschaften der westlichen Wohlstandsgesellschaften ein düsteres Licht. Denn je mehr Wohlstand und individuelle Freiheitsrechte dort gegeben sind, desto deutlicher macht sich als Symptom für die Instabilität ihrer Ordnungen ein ambivalentes Verhältnis von Staats- und Wirtschaftsbürgern zu den Errungenschaften des eigenen Systems bemerkbar; und dies insbesondere bei der jüngeren Generation, die nichts als Wohlstand gekannt und ihn darum für selbstverständlich und für vernachlässigungswert hält.

V. Vom Klassenkampf sozialer Gruppen
zum Klassenkampf der Generationen und Intellektuellen

Um zu verstehen, weshalb ausgerechnet in den modernen Wohlstandsgesellschaften, die verglichen mit allen anderen Gesellschaften in Geschichte und Gegenwart schon so etwas wie klassenlose Gesellschaften sind, eine neue Form von Klassenkampf aller gegen alle entsteht, müssen wir uns wiederum gewisse menschliche Eigentümlichkeiten vergegenwärtigen. Wir Menschen sind eben keine distanziert rational handelnden Wesen. Vielmehr neigen wir dazu, meist in vereinfachenden gegensätzlichen und mit emotionalen Wertungen behafteten Bildern zu denken. Die emotionale Aufladung unserer Vorstellungen, d. h. unser Vorprogrammiertsein, stammt für den einzelnen und seinen Jahrgang in erster Linie aus dem, was wir persönlich unter Leiden und Freuden häufig schon in frühester Kindheit erlebt haben. Von dem, was wir im Laufe des Lebens aus zweiter Hand vom Hörensagen oder aus einem einstudierten Wissen kennen, lassen wir meist nur das gelten, was das Sieb unserer Voreingenommenheiten passieren konnte.

Daraus erklärt sich, daß heute die historische Erfahrung oder zunehmende Kenntnisse über den Menschen, über die wir heute bereits verfügen könnten, sich als weitgehend nutzlos erweisen, weil sie für einen haltbaren Fortschritt in Wirtschaft und Gesellschaft aus irrationalen Gründen nicht angewandt werden. Das macht auch die unterschiedliche Reaktion von verschiedenen Generationen auf gleiche Situationen verständlich. Jahrgänge, die als Kinder den ersten Weltkrieg, als Erwachsene die Nazizeit und den zweiten Weltkrieg erlebt haben, verfügen über eine ganz andere Erlebniswelt, leben auf einer ganz anderen „Realitätsebene" (Karl Mannheim) als Jahrgänge, die nichts als Wohlstand gekannt haben.

Reine Wohlstandskinder werden besonders leicht zu verschiedenen logischen Kurzschlüssen verführt. Da die Entwicklung des Wohlstandes mit dem Abbau traditionalen und autoritären Verhaltens verbunden war, glaubt man, Traditionen und

Autorität wären beliebig abbaubar. Da der Wohlstand für jeden mehr oder weniger größere Unabhängigkeit gebracht hat, verwechselt man nicht selten Ursache und Wirkung und glaubt, daß mehr Freiheit und Gleichheit auch ohne weiteres mehr Wohlstand brächten oder doch etwas, was man heute etwas verquollen mit mehr Lebensqualität umschreibt. Und schließlich, weil mehr Wohlstand heute auch solchen Menschen zufällt, die weniger leisten, erkennt man heute immer weniger den Zusammenhang zwischen Leistungsbereitschaft und -fähigkeit der einzelnen einerseits und der Effizienz der Gesellschaft insgesamt andererseits. Die wachsende Abneigung gegen jede Art von Unbequemlichkeiten führt dann dazu, daß unser System immer unbeweglicher wird und sich unsere Wirtschaft und Gesellschaft immer schwerer an veränderte Existenzbedingungen anzupassen vermag. Das krasseste Beispiel dafür liefert zur Zeit unsere strukturelle Arbeitslosigkeit, aber auch unser völlig am gesellschaftlichen Bedarf vorbeiproduzierendes Bildungswesen.

Die aus Erlebnisunterschieden stammende Verschärfung der Generationengegensätze bringt nun in unserem Gesellschaftsleben auch die Gegensätzlichkeit psychologischer Typen in verstärktem Maße ins Spiel. Schon immer war in allen Gruppen die Gegensätzlichkeit der spekulativen Ideologen zum empirisch urteilenden Pragmatiker oder des Gesinnungsethikers zum Verantwortungsethiker mehr oder weniger von Bedeutung. Nun sind Gesinnungsethiker und Ideologen eher eine Jugenderscheinung, Pragmatiker und Verantwortungsethiker eher eine Altersfolge. Beide Typen können entarten. Der Ideologe in Richtung eines neurotischen Gesinnungsfanatikers, der Pragmatiker in Richtung eines korrupten Opportunisten. Im Gesellschaftsleben pflegt die eine Entartung die andere provokatorisch zu fördern. Ganz schlimm wird es, wenn der Opportunist entdeckt, daß er im Pelz des fanatischen Ideologen am besten reussiert.

So war es wohl unvermeidlich, daß der korrumpierenden Wirkung des Wohlstandes die Jugendrevolte folgte und mit ihr, verstärkt durch die verfehlte Bildungsreform und deren Massenproduktion von Akademikern, der Einfluß neurotischer Intellektueller, die sich für ihren Aufstieg der Jugend als Lautverstärker bedienten. Solche mehr oder weniger anarchistisch oder nihilistisch gesonnenen Intellektuellen projizieren ihre persönlichen Schwierigkeiten in die Gesellschaft, um sich über ihr eigenes neurotisches Unbehagen vor sich und der Welt rechtfertigen und aus diesem Unbehagen einen missionarischen Auftrag filtern zu können. Die Unvermeidlichkeiten und Unzulänglichkeiten dieser Welt werden dann als Krankheiten unserer Gesellschaft mißdeutet, dafür aber krankhafte Neigungen der Menschen als neue Form von Gesundheit gepriesen und zum Leitbild des sozialen Fortschritts gemacht.

Auch die neomarxistische Wiedergeburt alter Klassenkampftheorien hat dann nichts mit einer angeblichen Wirklichkeitsnähe oder rationalen Überzeugungskraft zu tun. Sie erhält vielmehr Auftrieb aus ihrer auf Wunschdenken ausgerichteten irrationalen Anziehungskraft, die solche Ideologien heute auf die gleichgesinnte Haltung vieler junger und älterer Intellektueller auszuüben vermögen. Die totale Pauschalablehnung der bürgerlichen Gesellschaft, die Behauptung, daß dieses System bereits seinen Leistungsbeitrag erfüllt habe und daß man nun unter Beseitigung des Privateigentums an die Verteilung der Früchte gehen könne, daß die Zeit der Selbstbestimmung aller durch alle gekommen sei, dies alles entspricht nicht nur dem pubertären Oppositionsgeist von Teenagern, sondern auch den Freiheits- und Bequemlichkeitsvorstellungen übersättigter Wohlstandsbürger, die nicht begreifen, was um sie herum im gesellschaftlichen Leben eigentlich vor sich geht.

Dadurch verliert sich eine lebenswichtige Grunderkenntnis, die für alle Gesellschaften gilt, immer mehr: daß nämlich den Ansprüchen, welche die einzelnen Mitglieder einer Gesellschaft auf Freiheit, Gleichheit, Wohlstand und hedonistisches Glück erheben, nicht auf Kosten der Erfüllung ihrer gesellschaftlichen Funktionen stattgegeben werden kann. Das heißt, daß die Rechte des einzelnen nicht von seinen Pflichten losgelöst werden dürfen, daß es für die dauerhafte Existenz einer Gesellschaft daher weniger gefährlich ist, wenn diejenigen, die ihre Funktion erfüllen, mehr erhalten, als ihnen vielleicht zuständen, als wenn diejenigen, die nichts oder fast nichts leisten wollen und können oder gar den sozialen Zusammenhalt zu unterminieren suchen, das gleiche zugemessen erhalten. Geht diese Einsicht verloren, so muß der gesellschaftliche Fortschritt in Rückschritt umschlagen, weil an die Stelle der Ausbeutung von oben die Vorherrschaft des Neides von unten und die Ausbeutung der Starken durch die Schwachen tritt.

VI. Notwendige Neuorientierung

Die Erfahrung mit den westlichen und östlichen Gesellschaftssystemen sollte uns bisher gelehrt haben, daß unterschiedliche Einrichtungen in Politik und Wirtschaft zwar unterschiedliche Wirkungen auf die Machtverteilung und den Freiheitsspielraum für den einzelnen mit sich bringen, daß aber entscheidender ist, wie die Menschen von den verschiedenen Ordnungen Gebrauch machen und wie die Ordnungen die Mentalität des einzelnen und des öffentlichen Bewußtseins prägen. Offenbar stagniert das östliche System des Sowjetkommunismus, weil es dem einzelnen zu wenig Freiheit für Eigeninitiative und Selbstgestaltung läßt, während bei uns im Westen die Wucherung der individuellen Freiheit, verbunden mit nicht differenzierenden Gleichheitsvorstellungen, allmählich jenen Gemeinsinn vernichtet, der eine Gesellschaft zusammenhält.

Der alte und immer neue Streit um die richtige Wirtschafts- und Gesellschaftsordnung ist bisher an der entscheidenden Frage vorbeigegangen. Diese Frage ist nicht, wieviel Freiheit, Gerechtigkeit, Gleichheit oder wirtschaftlichen Wohlstand liefert ein Wirtschafts- und Gesellschaftssystem unmittelbar und im Augenblick, sondern wie wirkt es auf alle jene Bereiche, die maßgeblichen Einfluß auf Bildung oder Verbildung von Kindern und Jugendlichen haben, also auf Elternhäuser, Schulen und alles das, was man unter Subkultur Jugendlicher zusammenfassen kann, einschließlich der Aktivitäten von Massenmedien, unter deren Wirkung junge Menschen aufwachsen.

Denn im Jugendalter, von der Geburt bis zur Überwindung der Pubertätsphase, werden die Menschen vorgeprägt und wird bereits entschieden, wieweit sie später die gesellschaftlichen Einrichtungen sinnvoll ausfüllen oder korrumpieren werden.

Der Schwerpunkt jeder verantwortungsbewußten Gesellschaftspolitik muß also auf die soziale Anpassung der Menschen gerichtet sein, auf ihre Erziehung zur Bereitschaft und Fähigkeit, miteinander auszukommen und sich über strittige Ziele und Mittel zu einigen, Aufgaben selbstverantwortlich zu übernehmen, dafür die geeignete Leistungs- und Belastungsfähigkeit zu entwickeln und sich in persönlichen Ansprüchen zu bescheiden. Kritikfähigkeit darf vor allem Selbstkritik nicht ausschließen. Es ist ein Irrtum zu glauben, es gäbe irgendeine Ordnung oder eine Aufhebung aller Ordnung, die von sich aus die Menschen schon zu sozial optimalen Wesen machen kann.

Wenn in der Menschenbildung das Entscheidende zur rechten Zeit versäumt wird – und das dürfte für die in Frage stehenden Grundhaltungen schon sehr früh liegen –, dann müssen in der Marktwirtschaft Besitzgier, Prestigekonsum und Einkommenskämpfe aller gegen alle dominieren, dann wird in der politischen Auseinandersetzung das demagogische Austricksen vorherrschen und eine falsche Auslese der Führungskräfte mit sich bringen. Dann wird der von uns allen finanzierte Sozialstaat zum Gegenstand der Ausbeutung durch eine wachsende Anzahl neurotisch Kranker, Fauler und Aggressiver. Dann wird der Unterschied von Verbrechern und terroristischen Weltverbesserern immer fließender. Gleichzeitig aber werden die Menschen immer unglücklicher und damit unfähiger, das Notwendige für ihre Kinder zu tun. Und die Gesellschaft als Ganzes wird immer unbeweglicher, immer weniger anpassungsfähig, um auf wechselnde Anforderungen, die an sie von außen herantreten, noch lebensfähig reagieren zu können.

Um einem solchen Schicksal zu entgehen, müßten alle Übertreibungen und Widersprüchlichkeiten, die sich in unserem Sozial- und Bildungswesen an allen Reformen der letzten 10 Jahre herausgestellt haben, rasch und nachhaltig beseitigt werden. Eine solche Notwendigkeit wird heute bereits von vielen erkannt. Doch die Angst, für unsozial, autoritär oder reaktionär gehalten zu werden, läßt sie weiter schweigen. Dies um so mehr, wenn auch die persönlichen kurzfristigen Interessen dem Notwendigen entgegenstehen.

CHRISTA MEVES

Ausblick

Wir haben in den vorliegenden Aufsätzen zu verdeutlichen versucht: Es gibt für uns heute kaum noch gesellschaftliche Probleme mehr, die sich isoliert betrachten lassen. Ob Krise im Ausbildungswesen, Wirtschaftskrise, Regierungskrise oder sprunghaftes Ansteigen negativer Sozialindikatoren wie Selbstmord, Kriminalität, Ehescheidung, Geburtenschwund und Süchte: Allen diesen Phänomenen liegt eine existenzbedrohende Krise des Geistes zugrunde, eines Geistes, der glaubte, tun zu dürfen, was man kann, der der Hybris des Machenkönnens und des Berechtigtseins verfiel. Die Auswirkungen dieser Geisteshaltung zeitigen heute ein gerütteltes Maß individueller Not. Das ist kein Nachteil. Die Tatsache, daß so vieles nicht mehr geht, daß das Krankenversicherungswesen zu teuer, Renten nicht mehr steigerbar sind, daß Psychotherapeuten Rauschgiftsüchtige nicht wieder heilen können, daß kaputte Schulsysteme nicht von heut auf morgen wieder realistisch zu machen sind, bewirkt – besonders in den breiten Schichten unseres Volkes – eine hoffnungsverheißende Nachdenklichkeit; denn nur sie – nur die Unzufriedenheit des noch gesunden Menschenverstandes möglichst vieler Bürger unseres Landes – könnte in der Lage sein, die Eisenreifen ideologischer Wirklichkeitsferne aufzubrechen und von sich aus die „unbequemen" Maßnahmen zu fordern, die opportunistische Parteien und Regierung nicht zu fordern wagten. Die Not, die durch eine Überdrehung der Rechte in einem liberalistischen System für den einzelnen, die durch die Wohlstandsverwahrlosung der Jüngeren entsteht, kann in der Lage sein, eine hinreichend große Zahl von Menschen erkennen zu lassen, daß es die Aufgabe eines mündigen Bürgers in einer liberalen Demokratie zu sein hat, Mitverantwortung für ihre weitere Existenz zu übernehmen und zu tragen. Optimal mögliche Chancengleichheit für alle hat in liberalen Demokratien eine Voraussetzung: die freiwillige Anerkenntnis von Pflichtengleichheit dort, wo ein Status mündiger Verantwortlichkeit besteht.

Es ist eine gefährliche Bequemlichkeit, davon zu schwafeln, daß „die Gesellschaft geändert werden müsse", daß „der einzelne nichts gegen die Machtblöcke tun könne", statt zu erkennen, daß die freiwillige Mitverantwortung des einzelnen und seine permanente Bemühung darum ein tragender Pfeiler freiheitlicher Demokratien ist. Bevor wir nicht begreifen, daß die „Gesellschaft verändern" bedeuten muß, uns selbst und unsere unreflektierte Anspruchshaltung zu ändern, kann echter Fortschritt nicht entstehen.

Der Boden für diese Einsicht wird mit dem sperrigen Pflugeisen der Not z. Z. zum Glück sukzessive bereitet. Gute Frucht freilich wird er nur tragen können, wenn sich dem Willen zur Umkehr realistische Information über unser Maß und unsere Grenze hinzugesellt.

Die Erfahrungen des Menschen mit sich selbst in der hochzivilisierten Industrie- und Wohlstandsgesellschaft machen eine neue, realistische Anthropologie nötig und möglich; denn die neuen Seelenkrankheiten haben deutlicher denn je unsere Grenzen sichtbar gemacht. Abschließend sollen die Grundzüge einer solchen Anthropologie dargestellt werden.

Die erste Grundthese lautet: *Der Mensch ist ein Abhängiger der Natur.* Es ist heute dringlicher denn je, diese Gegebenheit im Bewußtsein zu haben; denn während der Mensch früherer Jahrhunderte Abhängigkeit als seinen unabweisbaren Lebensbegleiter erfuhr, hat uns der technisierte Wohlstand in einer bisher nie dagewesenen Weise erheblich aus dieser Abhängigkeit gelöst. Wir schaffen das zu unserer Erhaltung notwendige Klima künstlich in unseren Häusern, wir sind durch Wissenschaft und Technik viel resistenter geworden gegen Naturkatastrophen, gegen Seuchen, gegen Hungersnöte und lebensverkürzende Krankheiten. Diese Unabhängigkeit hat uns viele neue Möglichkeiten eröffnet; sie hat aber auch dazu geführt, die Macht der Natur zu unterschätzen und uns in der Gestaltung unseres Lebens, im Erziehen unserer Kinder unbekümmert als unabhängig von ihr zu empfinden.

Daß in dieser Einstellung eine gefährliche Überschätzung des Menschen enthalten ist, ließ sich nirgendwo klarer ablesen als im Bereich der Psychopathologie. Die Hemmung von Antrieben kann durch unsachgemäßen Umgang mit ihnen nämlich eine frühe, später sehr resistente, nur mühsam zu revidierende Seelenverbiegung bewirken, die zu einer Reihe neurotischer Charakterentwicklungen führt, die es dem Menschen sehr schwer macht, sein Leben im Erwachsenenalter zu bestehen und den obligatorischen Schicksalsstürmen gewachsen zu sein. Weil sich der Mensch besonders an seinem Lebensanfang durch fest vorgeschriebene Einwirkung seiner Umwelt zu entfalten hat, unterliegt er eben gerade in dieser Zeit einer spezifischen Störanfälligkeit. Auf endogene Bereitschaften müssen die genau passenden, von der Natur vorgeschriebenen Antworten durch die pflegenden Bezugspersonen gegeben werden. Mütter sind an sich von der Natur für diese Fähigkeiten physisch und psychisch ausgerüstet und vorprogrammiert. Nimmt man ihnen durch Intellektualisierung, emanzipatorische Selbstverwirklichungsmodelle im Zuge des Gleichheitswahns und durch technisierte Änderungen an den Gesetzen der „Brutpflege" – um es bewußt einmal so biologisch auszudrücken – die Möglichkeit, intuitiv richtig auf die Bedürfnisse ihrer Kleinkinder zu antworten, so muß es zu einer gefährlichen Zunahme schwerer Charakterverbiegungen kommen, wie es mittlerweile in der Tat geschehen ist. Es ist deshalb auch gewiß, daß die durchgängige Neurotisierung der Kinder, die die Lehrer heute bereits zu Leidenden macht, weiter zunehmen wird und daß Terror und Gewalttaten von Zwanzig- bis Dreißigjährigen in den jetzt folgenden Jahren häufiger in Erscheinung treten werden; denn zwei schwere, in der frühen Kindheit erworbene psychogene Erkrankungen werden nun manifest: die neurotische Depression und die neurotische Verwahrlosung, die durch antisoziale Auswirkungen – vor allem durch die Zunahme von Sucht,

Raubkriminalität und Selbstmord – eine gefährliche Schwächung gesunder Lebenskraft unseres Volkes bedeuten wird. Das ist katastrophal, vor allem, weil durch die Süchte auch schwere körperliche Schäden entstehen und die Zahl der arbeitsfähigen Erwachsenen deshalb in den künftigen Jahren laufend dezimiert werden wird.

Wir müssen uns klarmachen: Verhältnismäßig rasch könnten wir unserer Volkskrankheit zu Leibe rücken, wenn wir nicht hineingezogen wären in jenes falsche Leitbild des Zeitgeistes, wenn uns nicht die Hybris eingeblasen würde, daß wir Herren über Leben und Tod, Herren über unsere Kinder, Herren über den Lebensstil in den Familien wären, daß wir beides gleichzeitig machen und haben könnten: Emanzipation von allen einengenden Bindungen und eine von selbst funktionierende Ordnung. Dieser Geist, der bereits unser Leben durchtränkt, ist die Ursache unserer Not. Einsicht in die Notwendigkeit verzichtbereiten Einsatzes für unsere Kinder ist die Voraussetzung zu einer konstruktiven Veränderung unserer Situation. Dann könnten auch leicht prophylaktische Maßnahmen Erfolg haben, wie z.B. Erziehungskunde in der Schule, Mütterberatung am besten bereits im Wochenbett, Einwirkung auf die Frauenärzte, die jungen Frauen zum Stillen anzuleiten, Beratung der Mütter von Kleinkindern, aktiv den Kampf gegen die Verwöhnung und Bewegungsarmut des Kindes im Alltag zu führen usw.

Die zweite These eines realistischen anthropologischen Konzepts muß heißen: *Der Mensch ist ein zur Freiheit Berufener*, d.h., der Mensch hat das Zeug zum „tapferen Schneiderlein", der durch Klugheit die Riesenmächte, die in der Natur enthalten sind, in seinen Dienst stellen kann. Er schafft das aber grundsätzlich nur dann, wenn er die rohe Kraft, die ihm die Natur zur Verfügung stellt, klug und pfleglich nutzt, ihre Gewalt richtig einschätzt und mit ihr umzugehen lernt. Freiheit dieser Art setzt Gehorsam im oben beschriebenen Sinne voraus, setzt voraus, sich vor allem nicht von den großen Stimulatoren schöpferischen Fortschritts, von Sexualität, Aggressivität und Machtstreben unreflektiert vereinnahmen zu lassen, sondern sie klug, gesteuert und demütig als maßvollen Kraftstrom des Lebens zu verwenden und zu nutzen. Diese Urkräfte des Lebens bedürfen vor allem einer klarsichtigen Einschätzung ihrer ungeheuerlichen Übermacht.

Die Mythen und Märchen sind voll von Bildern, die diese gewaltigen, gefährlichen Riesenmächte darstellen und schildern – als Drachen und Riesen, als Ungeheuer und Hexen, als verschlingender Wolf, als Riesenfisch. In der Bibel sind sie als Behemot und Leviathan dargestellt (bei Hiob), und Gott selbst erteilt dem Liliputaner Mensch eine Lektion über ihre Stärke, um ihm eine Möglichkeit zu einer realitätsgerechten Selbsteinschätzung zu vermitteln. Liliput Mensch fällt diesen Ungeheuern anheim, wenn er dies nicht in den Griff bekommt.

Wir Modernen tun gelegentlich so, als seien diese Mächte für uns nur noch freundliche Haustiere, was zur Folge hat, daß sie sich gefährlich aufblähen. Nicht nur die Judenvernichtung des „Dritten Reiches", nicht nur die politischen Greuel unserer Tage sind Beweis der Macht „Aggressivität" – auch im persönlichen Leben kommt die tollkühne, unreflektierte Entbindung von Aggressivität, egoistischem Machtmißbrauch und Sexualität einer Einbannung in oft lebenslängliche, seelisch-geistige Gefangenschaft gleich.

Ein Freigelassener von der Natur kann der Mensch nur werden, wenn er mit der Natur ehrfürchtig umgeht. Das zu lernen, zu üben, zu vollziehen ist der Anfang aller Kultur, ist der Beginn zu jeder Öffnung des Menschen auf Freiheit zu. Die Einbindung in gute Gewohnheit, in Rituale, Übereinkunft und Spielregel dient der pfleglichen Nutzung der großen Mächte. Ohne eine solche steuernde Vorleistung kann der Mensch nicht frei werden. Diesen Sinn haben seine Moralen, seine aus der Erfahrung mit sich selbst gewachsenen Sittengesetze, die gewiß immer wieder einer flexiblen Revision und Reform bedürfen, die man aber nicht abschaffen kann, wenn man nicht die Freiheit des Menschen in törichter Rückschritt erzeugender Weise aufs Spiel setzen will.

Erst wenn der Mensch Liliput diese Erkenntnis ernsthaft integriert hat, ist er hinreichend bereitet für eine Mündigkeit, die

Freiheit auf dem Boden von Verantwortungsbewußtsein und Bereitschaft zu maßvoller Zucht möglich macht. Und in diesem Status verzichtbereiter, horchender Bescheidenheit entsteht erfahrungsgemäß eine Bereitschaft zu gezielter, sinnvoller Lebenserfüllung. Auf dem Boden einschränkungsbereiter, verantworteter Freiheit erst wird es dem Menschen möglich, seine spezifische Lebensaufgabe zu erkennen und bewußt anzunehmen.

Eine Einstellung dieser Art öffnet wie von selbst das Tor zur Religion und macht dem Menschen sichtbar – und das ist die dritte These: *Es gehört zur Struktur des Menschen, einer überpersönlichen Instanz zugehörig und vor ihr verantwortlich zu sein.* Er kann daran erkennen, daß er zu freiwilliger Mitarbeit an dem geheimnisvollen Schöpfungswerkes Gottes bestimmt ist. Der Mensch kann zwar, auch wenn er diesen Erkenntnisgrad erreicht hat, noch nein sagen; er hat erst jetzt sogar die volle Freiheit zur bewußten Verweigerung, aber diese Verweigerung birgt sehr rasch die Gefahr eines Sturzes hinein in den offenen Rachen der Mächte, die durch den sich bewußt verweigernden Geist erst alle Kennzeichen des gezielt Bösen entwikkeln. Ohne die Furcht und Ehrfurcht vor Gott verliert der Mensch sehr leicht sein Maß, setzt sich an die Stelle Gottes und geht an seinem Machtrausch, seinem neidsüchtigen Gleichmachungsimpulsen verloren.

Der Sinn der Freiheit des Menschen besteht nicht darin, sich selbst wie eine Rakete ziellos abzuschießen und sein Leben durch eine unreflektierte Expansion seiner selbst zu verlieren. Der Sinn der Freiheit des Menschen besteht darin, an der schlimmen Erfahrung mit sich selbst zu lernen, um hellhörig, behutsam und bescheiden die jeweils verschiedene Weise seiner Bestimmung, der Schöpfung zu dienen, zu ertasten. Nur der verschiedenartige Dienst, der durch die Gemeinsamkeit des gleichen Zieles gleichwertig wird, kann das Bedürfnis nach gleicher Zuteilung entschärfen. Erst durch diese „Dienst"-auffassung kann es dem Menschen möglich werden, seinen Neid auf den Nächsten und damit seine Kämpfe um mehr Anspruch und mehr Macht aufzugeben. Denn erst das nach besten Kräften vollzogene Sein für Gott macht die Menschen vor den Augen eines alle Menschen gleichwertig liebenden Gottes gleich. Gleichheit und Gerechtigkeit ohne die Instanz Gott wird es unter den Menschen nur als Utopie geben können.

Quellennachweis

Die Einführung ist die erweiterte Fassung eines Artikels, der unter der Überschrift „Auf dem Wege zum Patt" im WIRTSCHAFTSDIENST (Januar 1977) erschienen ist.

Die nächsten fünf Abhandlungen sind den Jahrgängen 1972, 1973, 1975, 1977 und 1978 des Hamburger Jahrbuch für Wirtschafts- und Gesellschaftspolitik entnommen.